商业向心力

重新定义现代商业竞争

杜鸣皓○著

浙江工商大学出版社
ZHEJIANG GONGSHANG UNIVERSITY PRESS
杭州

图书在版编目（CIP）数据

商业向心力：重新定义现代商业竞争 / 杜鸣皓著
. — 杭州：浙江工商大学出版社，2019.4
ISBN 978-7-5178-3077-1

Ⅰ. ①商… Ⅱ. ①杜… Ⅲ. ①企业竞争－竞争战略－研究 Ⅳ. ① F271.3

中国版本图书馆 CIP 数据核字 (2018) 第 294187 号

商业向心力：重新定义现代商业竞争

SHANGYE XIANGXINLI: CHONGXIN DINGYI XIANDAI SHANGYE JINGZHENG

杜鸣皓　著

责任编辑　谭娟娟
封面设计　可圈可点工作室
责任印刷　包建辉
出版发行　浙江工商大学出版社
　　　　　（杭州市教工路 198 号　邮政编码 310012）
　　　　　（E-mail:zjgsupress@163.com）
　　　　　（网址 :http://www.zjgsupress.com）
电　　话　0571-88904980　88831806（传真）
排　　版　程海林
印　　刷　北京晨旭印刷厂
开　　本　787mm×1092mm　1/16
印　　张　13.5
字　　数　125 千
版 印 次　2019 年 4 月第 1 版　2019 年 4 月第 1 次印刷
书　　号　ISBN 978-7-5178-3077-1
定　　价　49.80 元

鸡汤盛行的年代，更要有"做自己"的坚持

每个人都应该有读懂时代和判断趋势的能力，而不是随波逐流地活着。父母苦口婆心地告诉你，找工作还得找"铁饭碗"；中年人不无自豪地讲述他十年前贷款买房现在身家几千万元的故事；小老板拍着胸脯炫耀他只靠收取商铺租金就可以过优哉游哉的日子；商业精英信誓旦旦地向人保证投机和复利是获取财富的不二法门；鸡汤文写手圆滑地鼓吹"余生找一个宠你的人，没房没车凭什么结婚"。

鲁迅说，从来如此，便对吗？

年轻人最宝贵的财富是独立，精神独立、思考独立、生活

I

独立和人格独立，而不是总在别人教条的经验中摇摆。上一个十年混得很好的人，有可能会在下一个十年摔得很惨，因为他们的财富创造沿用的是经济红利的思维，创造增量和加大投资就可以带来财富，而接下来我们面临的是一个技术红利的时代，优化存量和技术升级才可以创造价值。所以，不要轻易把别人的成功作为自己的标准，更不要轻易把别人眼里的价值作为自己的人生取向，年轻人应该看远一点、深一点，社会在转型，商业在变革，固化的利益在重新分配，年轻人要做新时代的创造者，而不是旧世界的接盘侠。

新兴的商业世界必属于年轻人，作为新商业世界的创世者，年轻人要敢于用自己的思想和行动，打破旧的商业世界格局，迎接一个属于自己的新时代，这可比喝过来人煮的鸡汤更有味儿。商业大变革就在眼前，智慧商业也已经在向年轻人微笑着招手，请不要被自己的幼稚心理和随波逐流耽误似锦前程，不要去接一个以地产经济为主体的经典商业世界的盘，他们现在已经如履薄冰，如果炒房子就能有未来，还上学读书干什么呢？

每一个时代的年轻人，都应以自己的时代为圆心画圆。跑到前辈的圆心里画出来的圆，自己就只能算是局外人，未来的智慧商业时代，只有努力雕琢自己的商业向心力，做一个接入智慧商业生态的人，才不会成为新兴商业世界的旁观者。

本书是"商业向心力"系列图书的理论版，《末端爆发》的姊妹篇，定位为青年励志商业读本。希望这本书能够对意在培养互联网商业思维的广大青年朋友就如何在一个大变革的互联网时代有价值地生长有所启发。

杜鸣皓

目　录
contents

第一章

正在发生的剧变：商业向心力重新定义现代竞争

第二章

构建商业向心力：公关赋能商业，打造全要素竞争模式

第三章

商业向心力模型及案例：见证生态系统的力量

商业向心力：一场由互联网引发的管理变革

管理是什么？是让运营有序，提升效率？还是达成目标，建立组织，实现产出？尽管专家学者们对管理的定义已经非常系统，但人们还是很难对"管理是什么"形成绝对的共识，奉行一个标准的答案。

管理的本质是"控制"。无论是绩效管理、领导力管理，还是组织管理、文化价值观管理，企业管理的各个分支都始终无法脱离"控制"这一基本思维，管理就是打破事物自然的发展逻辑，进行必要的主动干预。过去的两百多年里，企业一直在努力通过对人才、资金、机器、市场的精确控制取得商业成功。

没有什么是一成不变的，人类世界的本质一直是"阴极阳生，阳极阴生"的循环变化，管理的逻辑能够逃离阴阳变化的宿命吗？或者说，控制的思维会在商业进化的过程中愈演愈烈吗？管理的内核——控制，会在某一天掉头走向它自己的反面吗？

　　1994 年，凯文·凯利出版了自己的科技著作《失控：机器、社会与经济的新生物学》，此书中文版在 2010 年以《失控：全人类的最终命运和结局》为名面世。书中的很多预言，如云计算、物联网、虚拟现实等，在 10 多年后逐一变为现实。抛开对人类未来世界细致入微的纷繁叙事，只看这本书中最本质的、盖棺论定的结论部分，我们很难理解，在一个以"控制"为主体的人类世界中，这位全球知名的互联网预言家对人类社会的未来充满哲学意味的终极思考，为什么只归结为"失控"二字。

　　凯文·凯利预言的互联网未来，组织是从下而上的、个体自治的、去中心化的、没有领导的，控制的霸权时代将不可能继续，上层的支配力量都将让位给底层的涌动力量，科技会通过自下而上的进化涌现（而非管理）出人类设计不出来的新世界。

　　也就是说，在互联网的世界，管理终将走向它的反面——顺其自然，管理的本质将从顶层的精确控制变成底层个体按照系统规则的自治生长，让自下而上的个体进化与群体涌现效应，替代自上而下的系统支配与组织协调作用。

　　这从凯利对生物个体群氓智慧的思考中就可以窥见端倪，他认为"群聚的个体孕育出必要的复杂性，足以产生涌现的事物"，他们不需要绝对的控制，而是自治成员之间彼此高度连接，没有控制中心，与蜂巢的管理形式相同，这与服从来自中心的命令或根据环境做出步调一致的反应截然不同。

现实正如他 20 多年前的预言，"控制"已经过时了，没人可以精确控制一个正在"失控"的新商业世界，传统的管理方法正在面临前所未有的挑战，垄断庞大资源的大象级企业正在遭遇前所未有的生存危机，甚至纷纷开始解体。众多互联网公司纷纷用连接代替了控制，用爆发式的生态扩张替代了按部就班的市场增长，绝对的控制正在产生反效果，导致绝对的失控。

与大象级企业的生存危机形成鲜明对比的是，个体企业的活力从未像现在这样被互联网彻底激发，它们接入商业生态系统中，创造了一个又一个商业奇迹，并以商业共生、资源共享和市场共赢的理念自治生长，而非像从前一样是一个完全的受控体。

一场由互联网引发的管理变革，就这样悄无声息地瓦解着传统商业版图中那些看似固若金汤的商业存在，一个历经两百多年的精确控制的商业世界正在缓缓坍塌，而另一个基于新兴社会网络自治生长的商业新世界正在蓬勃兴起，这个商业新世界就是商业向心力主导的新兴商业世界。

更直白一点说，在万物流动的互联网商业世界里，我们还能"控制"得了什么呢？互联网世界就是一个流体世界，所有的商业要素资源都将快速地流动起来，你越想抓住什么就越会失去什么。物理常识告诉我们，流体世界的典型特征就是"涡"，就像空气流动会产生龙卷风，水流动会产生旋涡一样，在流动的互联网商业世界里，我们能做到的最美妙的精确控制，就是让自己产生流体向心力，成为"涡"的中心。

新兴商业世界没有百年老店，只有分秒都在流动和变化的商业连接，每个人、每个商业体都要丢掉绝对控制的商业幻想，重新适应这个不断"刷新"的商业新世界。正如凯文·凯利所言，"在需要终极适应性的地方，你所需要的是失控的群体"。而我想说的是，面对失控的群体，企业想要生存下去，唯有祈求商业向心力的加持。

商业向心力 企业参与现代竞争需整合的八大核心要素资源

环境生态圈

战略同盟

政府及社会组织
政府及社会组织支持与否，决定企业能否赢得生存权和发展权

媒体及公共舆论
媒体及公共舆论是商业加速和引爆的重要催化剂

公众及社群
群众基础和口碑，是一种"无形的"要素资源，也是一种辅助生产力

产业链生态圈

资金
资金是商业加速器，资金吸引力决定企业抓住转瞬即逝的市场机会的能力

人才
人才是商业运营的基础，人才吸引力决定了商业生态好坏和你代谢的能力

合作伙伴
现代竞争是产业链的竞争，优质的合作伙伴资源的引力决定竞争力强弱

顾客（用户）
顾客或者说用户的吸引力，决定了消费磁场的大小和市场的覆盖

商业向心力的底层逻辑：要素资源的"水论"

互联网时代，信息高度发达，智能水平提高，人们决策周期缩短，决策效率提升，导致八大核心要素资源呈现出高度不稳定的特点，其具有以下六大特性：不稳定性、高流动性、高活跃性、非此即彼、高活跃性、扎堆效应

第一章

正在发生的剧变：
商业向心力重新定义现代竞争

引言：商业向心力管理理论的由来

本章将提出一个重要的有关现代商业竞争的管理理论：商业向心力。

商业向心力脱胎于"领导力公关"这一公关概念，它是我在《无公关，不品牌》一书中用来描述领导力公关为企业带来诸多利好现象的一个概括性词汇。

商业向心力已经成为现代企业，特别是互联网新经济领域企业的一项不容忽视的核心竞争能力，具体体现在以下两大方面。

第一，传统的企业竞争是窄域的，大多局限于企业自身的产品、营销和服务等资源禀赋，但现代企业竞争的边界被明显拓宽，企业就像有了庞大的商业磁场和社交磁场，把周边的优秀人才、忠诚粉丝用户、上下游合作伙伴、企业战略同盟、资本投资机构，乃至社交媒体、社会组织、普通公众等都纳入其中，企业的商业竞争在远比自身资源禀赋更庞杂的商业要素资源层面展开，企业需要以自身资源禀赋为中心，以商业向心力为半径，构建强大的商业生态系统来组织竞争，没有商业向心力的企业已经无法胜任新经济的这种宽域竞争。

易到是中国乃至全世界第一家"网约车"公司，其产品上线测试的时间比美国的优步（Uber）还要早一个月。早在2010年9月，易到用车就已上线测试并开始提供北京地区的预订用车服务，快的、滴滴（最早叫嘀嘀）的出现则要晚两年时间；到2013年5月，国内打车APP（应用程序）已经超过40款，竞争逐渐加剧。

一马当先的易到以为网约车的竞争是拼产品＋拼体验的时候，其实一场拼融资、拼资源整合的"网约车"暗战已然打响，这场竞争的最终宽度远远超出了我们最初的想象。

传统意义上的竞争是优先拼产品、拼服务的，但"网约车"行业却另辟蹊径，开始了一场拼融资、拼资源整合的商业大冒险：滴滴完成了超过150亿美元（当时约合1043亿元人民币）规模的惊人融资，并与快的、优步中国合并，与微信达成战略合作。最终，易到赢了产品和服务，却败在了融资和资源整合上。

决定"网约车"竞争最终结局的真的仅仅是钱吗？非也，钱只是表象，本质还是商业向心力——当数以千万计的网约车司机，数以亿计的海量用户，顶尖的互联网技术人才，世界范围的媒体曝光，共享经济的政策支持等各种商业要素资源向滴滴蜂拥而至的时候，这场竞争就注定是宽域的，是以"网约车"企业自身资源禀赋为中心、以其商业向心力为半径的商业生态系统之战，这场竞争的赢家也已然注定不属于窄域竞争者的易到。

事实上，新经济下的这种宽域竞争，除了企业自身的资源禀赋之外，还包含两大商业生态、八个要素维度的外延式竞争，只有成功构建起商业向心力竞争模式的企业才能适应这种宽域竞争。

商业向心力竞争模式最本质的逻辑是：你的成功并不取决于你自身拥有的资源禀赋，而取决于你所能成功吸引和整合调配的全部商业要素资源，也就是取决于你能在多大宽度上参与竞争。

宽域竞争是互联网新经济时代的大势，现代企业的竞争已经脱离了纯粹的自身资源禀赋的比拼，而更像是一个基于商业向心力构建的商业生态系统与另一个商业生态系统之间的较量，企业竞争的宽度和领域被大大拉长和加深，只有窄域竞争力的商业个体已经无法赢得宽域竞争。

第二，宽域竞争给企业带来的一个显著的冲击是：你无法预知自己在竞争中会输在哪一个点上，有商业向心力的企业在商业竞争方面往往有非常强大的内生动力，依附于其上的各种商业要素资源会主动创造价值，并与企业实现商业共生、资源共享和市场共赢，甚至还会主动呵护企业的商业生态和企业声誉。

苹果 iPhone8 手机发布前夕，我在简书上发布了一篇评论文章，简书 CEO（首席执行官）"简叔"进行了推荐。这篇文章遭到了一位 iOS 开发者的猛烈抨击，她看到我批评苹果 Home 键的设计后非常肯定地说，"看到这里，我就知道这篇文章没有什么价值了"，甚至还跟我打赌称，"iPhone8 依旧将是一机难求，甚至加价到 1 万元左右，我把话放在这里，到时候欢迎打我脸，目前看来，至少 5 年之内，没有一家厂商可以撼动苹果的地位，除非开发出一款比 iOS 更好用的系统"。

虽然我知道在网上这样的争论没有什么意义，但令我特别感慨的一点是，这位女士仅仅是苹果商业生态中的一个开发者，她都能这么主动地去维护这家企业的利益，并为它的产品代言，而苹果商业生态中还有数十万像她这样的应用开发者，他们与这家企业实现着商业共生、资源共享和市场共赢，假如这位开发者有幸做出一款拥有百万粉丝的 iOS 应用，苹果公司除了能抽取 30% 的商业分成之外，还可以免费获得她带来的新用户，这样的企业竞争力是多么恐怖。

总之，现代企业竞争的趋势是宽域的，它已经彻底告别了企业自身资源禀赋的竞争，上升为以自身资源禀赋为中心、以商业向心力为半径的商业生态系统的较量，通过传统管理理论构建的企业竞争力已经无法完全适应现代宽域竞争的市场环境，各家企业构建商业向心力竞争模式已是大势所趋。

有鉴于此，我决定把"行业领导力"这一公关概念升级为"公关赋能商业，构建现代企业核心竞争力"的商业向心力管理理论，以供业界共同探讨。

商业向心力的逻辑起点：剧变的商业与要素重排

> 有商业向心力的企业正在吞噬着巨大的经济改革发展红利。
>
> 在互联网的催化下，商业要素资源的流动正在变得快速且活跃，几乎所有的商业要素资源都在重新进行排列组合，它们疯狂地向有商业向心力的企业靠拢，而那些没有商业向心力的企业正在被淘汰或被边缘化。

世界在变，我们怀念"慢"，也怀念"忠贞"，但我们同样也要适应"快"，要尊重自由选择的权利。当然，我要谈的不是缥缈的爱情，而是与之相比更加现实的商业。商业就像这个时代的爱情或者婚姻一样，正在要素资源的快速流动和自由选择的过程中经历着前所未有的剧变。

一、剧变的商业：要素资源的流动正变得快速且活跃

这个时代的典型特征，就是商业要素资源的流动正变得快速和活跃：3 秒钟内你就可以收到销售回款；5 分钟内你就可以借到一笔钱；15 分钟内你就能在线招到雇员；1 小时内你可以让数百万用户看见你产品的新闻；1 天内你可以把产品销往全国各地；只需 7 天你就可以注册成立一家公司。

当下的商业社会，生活与工作节奏正变得越来越快，商业要素资源也变得越来越活跃，各种商业要素资源的流动频率已经远远超过了以往任何一个时代。比如，人才跳槽的频率比过去更为频繁，创业的冲动比过去更为强烈，"铁饭碗"不再是一个褒义色彩的词汇，优秀的人才只对吸引他们的事业而非过去的铁饭碗表现出"忠贞"，优秀的人才要么在创业，要么在创业的路上，要么在利用工作间隙偷偷地准备创业。现在的创业潮像极了 20 世纪八九十年代的下海潮，人才这一要素资源被大大地激活了。过去的两三年里，互联网推动着经济改革释放出巨大的经济增长红利，优秀的人才不再"安分"和"忠贞"，他们已从"铁饭碗"中解脱出来去互联网创业或加入新经济领域的创业公司，希望抓住互联网经济的时代风口。

据国家工商总局统计数据显示，2016 年中国全年新设市场主

体超过 1651.3 万户，总量达到 8705.4 万户，全年新设市场主体占到了总量的 18.97%，创业公司增速惊人。而且，这一趋势并不局限于中国，很多在日本大企业上班的年轻人开始跳槽到小公司，端铁饭碗的意愿也明显降低。

你以为只有人才这一商业要素资源在加速流动吗？不，当下同样在加速且流速最快的商业要素资源是资金。

央视纪录片《华尔街》第一集的主题就是"资本无眠"，它告诉我们商业的剧变一定伴随着资本的快速流动，而"资本无眠"正是过去五六年中国互联网经济的写照。

在过去的五六年中，原本沉睡在银行系统中的巨量资金快速地流动起来，资金这一被互联网激活的商业要素资源就像长了翅膀一样，如果用一句话来概括资金的这种剧变，可以说以前是项目找资金，现在是资金找项目。

不仅仅是人才和资金，技术、供应商、顾客、媒体及社会公众，几乎所有和商业有关的要素资源无一不在发生剧烈的变化，呈现出高流动性和极度活跃的特点，每一种要素资源都在快节奏的商业社会中自由选择适合自身潜力发挥的角色。

而且，要素资源与企业的关系极其不稳定，企业和个人的风险意识、机会意识和竞争意识得到前所未有的增强，稍有风吹草动或发生风口转换，它们之间稳定的商业关系就可能被打破和重排。事实上，经济变革、风口转换和商业要素资源快速流动这三者导致的要素资源重新排列组合，已经成为这个时代商业运行的又一大显著特征。

二、要素重排：互联网彻底激活商业，要素资源重新排列组合

中国经济经过 40 年的高速发展，已经积累了巨量的商业要素资源，并且还在制造和创造着更多的商业要素资源。

截至 2015 年，我国城镇存量住房超过 200 万亿平方米，户均住房超过 1 套，与此同时新房源仍在源源不断地涌向市场。

2016 年，中国人均纯收入为 5.4 万元，全年人均可支配收入 2.38 万元，其中城镇居民人均可支配收入 3.36 万元；

2016 年，中国生产手机 21 亿部，其中智能手机 15 亿部，占全部手机产量的比重为 71.4%，生产移动通信基站设备 34 084 万信道。

截至 2017 年 6 月底，我国机动车保有量达到 3.04 亿辆，其中汽车保有量达到 2.05 亿辆，机动车驾驶人数量达到 3.71 亿人。

…………

这些存量和增量的要素资源正在互联网的催化下加速流动，进行商业上的重新排列组合。

过去打车仅限于低效率的打出租车，但"网约车"的出现，将社会存量中巨量的司机、汽车和乘客三种商业要素资源彻底激活，人们再也不用像过去一样为"出行难、打车难"而烦恼，三种要素资源的重新排列组合诞生了滴滴和优步，它们完全打破了过去出租

车与乘客之间简单的商业关系，这种社会中的巨量存量要素资源重新进行排列组合，便是剧变中的商业的典型写照。以美团外卖、饿了么为首的外卖军团的出现，通过互联网将海量的餐饮企业、巨量的餐饮用户、数以百万计的计算机人才和送餐人员等要素资源进行商业上的重排。互联网支付也开始抢传统银行的"饭碗"，2017 年第二季度，以微信支付、支付宝为代表的非银行支付规模达到了31.5 万亿元，同期的银行电子支付则减少了 25 万亿元。

科技企业"互联网+"和传统企业"+互联网"高速发展，各种商业要素资源被互联网彻底激活了，它们开始重新进行排列组合以寻求价值最大化，各种要素资源的商业潜力被极大地释放出来。最为重要的是，商业要素资源并非被动地等待重排，而是自由选择、主动加入，以期在新要素资源组合中，实现自我增值和价值最大化。

在互联网技术的催化下，人才、技术、资金、供应商、顾客、媒体等各种商业要素资源高度活跃、快速流动，并且它们之间自由地进行排列组合，每种要素资源都在自由选择、主动追逐市场风口，以图最大化发挥自身价值。各种商业要素资源通过重新排列组合进行商业抢位的意识在增强，这不仅催生了很多全新的商业业态，更让一些企业在数年之间就得到了十倍、百倍乃至千倍、万倍的高速增长，诞生了很多商业黑马和新巨无霸企业。

三、逆向整合：优质要素资源向有吸引力的企业快速集中

传统商业中，企业做大做强的途径无非两种：一是通过大手笔的并购、兼并或重组来进行商业要素资源的整合，即托拉斯模式；二是采用连锁经营的模式快速地进行单体复制，麦当劳、肯德基、沃尔玛等商业巨头的成功就基于这一经营模式。

传统企业做大做强的过程，可以理解为企业对商业要素资源进行的正向整合，企业需要完全拥有要素资源的所有权和支配权，商业要素资源在被企业整合的过程中是被动的。虽然企业整体的规模效应和内部协同效应在增强，但它们的积极性和商业潜力并没有被完全激活。剧变中的新型商业将这一传统模式打破，现在的商业巨无霸们并不热衷于完全拥有要素资源的所有权或支配权，而只是把各种商业要素资源吸引到身边，通过重新排列组合让它们主动地创造共同的商业价值，可以理解为这是企业对要素资源的逆向整合。新商业模式企业的成功，均是商业要素资源自身反向选择的结果，聚合起来的商业要素资源的价值远远超过企业自身的经济体量，企业对要素资源没有所有权和支配权，却能够从这些商业要素资源的成长中直接受益。

在新经济时代，如何让优质的要素资源向企业自身的商业生态系统集中并持续创造价值，是每一个商业主体和每一个人才都应深入思考的问题。

四、反向淘汰：商业向心力企业虹吸巨量商业要素资源

巨量的商业要素资源只会向苹果、阿里巴巴这样的大公司聚集吗？答案是否定的，并不是只有大公司在变革现代商业、重排商业要素和巨量地虹吸优质的商业要素资源，越来越多的初创企业，也在加入经营自身商业向心力的阵营。

你身边就可能有精明的同事在虹吸着各种商业要素资源。M 小姐是一家化妆品专卖店的员工，她建立了一个教授都市白领女性如何化妆和选购适合自身肤质的化妆品的公众号，目前粉丝已经超过5 万人，而她通过公众号每年给化妆品店带来的营业额超过 500 万元，这还不算其公众号接广告的收益；而对面专卖店的员工 L 小姐的年销售额却不足 50 万元。L 小姐发现，M 小姐周末经常在店内组织美妆沙龙和培训活动，周边的顾客就这样被这位 M 小姐渐渐地吸引过去。在这个例子中你应该可以看到，哪怕是一家占地仅仅几十平方米的小小专卖店，也可以有令人生畏的商业向心力。正是通过虹吸海量要素资源、挤压竞争者生存空间的竞争方式，M 小姐实现了对 L 小姐所在专卖店的反向淘汰！

在快节奏的当下，商业要素资源只对能够吸引它们的商业主体表现出忠贞，它们会根据自身掌握的情报快速地做出合理的资源配置选择，员工跳槽、顾客"移情别恋"、供应商反水、投资方撤资这类事情会越来越司空见惯。对商业要素资源没有吸引力的企业，将眼睁睁地看着各种商业要素资源和自己擦身而过，在现代商业竞

争中被无情淘汰。

五、轻资产时代：吸引和整合比直接拥有更重要

互联网时代，包括人才在内的所有商业要素资源都将充分地流动起来，你不必关心它们属于谁，只需要知道它们为谁创造价值。简单来说，未来商业的本质，是让商业要素资源给你带来价值，你并不需要直接拥有它的所有权和支配权，你只需要把它们聚合到你的商业体系中为你主动创造价值即可。

"一瓢我饮不够，何妨阅尽三千"便是未来商业的本质。互联网让所有的要素资源都充分流动起来以后，长期持有劣质的、不能产生商业价值也不能快速流动的商业要素资源将是十分愚蠢的行为，聪明人将毫不犹豫地把垃圾要素资源坚决地抛掉，他们需要什么要素资源就可以在市场上轻而易举地吸引和匹配到，无须像以前一样直接持有。同时，要素资源"召之即来，挥之即去"，也更利于公司在多变的市场中做出快速反应。

阿里巴巴并不直接买卖东西，它也从来不追求商品的所有权和支配权，但它把生意做到了全世界，聚合了全球最多的买家和卖家。这便是未来商业的本质，所有的商业要素资源都能轻易地在市场中匹配到，所有优质的商业要素资源都会向有商业向心力的企业集中，你唯一要担心的，就是自己对商业要素资源是否有足够的吸引力和整合能力。

六、末端爆发：要素资源加速流动、主动选择与自我增值

当前互联网新经济还有一个典型的特征是商业在末端爆发。

处在商业生态底部的优质商业要素资源不甘于像以前一样只能接受被动安排，而会主动地向上整合。以自媒体行业为例，有影响力的自媒体人不甘心于一家自媒体平台的流量，他们会整合各个平台的流量资源和禀赋优势，把自己打造成一个建立在多平台基础上的超级 IP。

在互联网的催化下，优质的商业要素资源普遍具备自由流动、主动选择和自我增值这三大基本特征，它们会主动向上整合有商业向心力的商业个体。没有这几个特征的企业会无所适从，只能在市场中拾取残羹冷炙，匹配劣质要素资源。

自由流动：要素资源高效匹配就是互联网经济的代名词，优质的要素资源被激活以后，会对市场中的其他要素资源进行快速的优胜劣汰式的替代，而这种优胜劣汰反过来又会进一步加剧要素资源的自由流动，市场将形成一个由要素资源自由流动—优胜劣汰循环促进的闭环。

主动选择：对于没有商业向心力的企业，优质要素资源的匹配将愈发艰难。

自我增值：优质商业要素资源主动向商业生态上游逆向整合的主要目的，就是寻求自我增值，通过与商业主体捆绑实现商业共生、资源共享和市场共赢来达到自身价值的最大化，它们不满足于

当前价值，而是努力追求自我价值增值，它们自己就是互联网时代产品迭代升级的最佳范本。

在商业剧变的发生和企业对商业向心力的追逐中，互联网起到了促进变革和加速催化的双重作用，如果要概括互联网的这种对新经济、新商业的影响，那么可以是下面这四句话：

第一，互联网让所有的商业要素资源都加速流动起来；

第二，互联网直接导致了商业要素资源的重新排列组合；

第三，互联网引发的要素重排加剧了各种商业要素资源的优胜劣汰；

第四，互联网让每一种商业要素资源的市场活力都得到最大化的激活和释放。

商业向心力的本质属性："社交磁场"
与"商业磁场"共振

从前，企业的成功更多地取决于领导力的成功，领导力让企业清楚地知道自己有什么资源，怎样去激活和合理配置这些现成的资源产生价值。

但现在不一样了，相比于清楚自己有什么资源，企业更需要知道的是自己没有什么资源，以及如何从市场中吸引和整合这些资源。当要素资源不再稀缺，当持有要素资源的成本变得高昂，当优质要素资源永远在流动，企业已经无须直接拥有要素资源，改而选择从市场中按需配置，这时候企业管理的逻辑就彻底地改变了，商业向心力被推上了现代商业的舞台。

谁都希望自己能与共同战斗的朋友友谊长存，与共同生活的爱人长相厮守，但已有越来越多的人不甘心被命运安排，或者说不甘心辜负这个时代，他们有了一定的人生经历和积淀之后，便急切地带着一颗蠢蠢欲动、渴望成功的心，想要在更广阔的世界里闯一闯。

这一颗颗不安分的心都去往了何处，是什么吸引他们突破情感的羁绊，开启了跨越五湖四海的奔波？这种情况所反映出的时代脉动背后，以人才为中心的商业要素资源都被吸引到了哪里，是在二环里的钢筋混凝土中，还是在远方的江山美景里？我们可以一起来探究一番。

一、社交磁场被彻底打开：社交网络对人气提升的两大作用

每一个人都有自己的社交磁场，这一磁场决定了一个人社会交往的基本情况，包括社交范围、社会地位、声望名誉和事业机会等，企业也是社会的一员，同样也有社交磁场。

自从有了社交网络，"六度空间"的猜想就真正地被人们当作一种人际关系理论，人们的社交磁场就此被彻底地打开了，不同地域、不同种族、不同民族、不同阶层、不同价值观的人们之间的联系有了更多的可能。

无论是时间上，还是空间上，人们都有了更短的社交距离，就像上面所提到的商业要素资源重新排列组合一样，人际关系第一次

实现了大规模的重新排列组合，这为商业的变革和要素的重排奠定了基础。

2010 年注定是社会商业剧变的一个重要分水岭，人们的社交磁场在这一年发生了革命性的变化。

这一年的 1 月份，脸书流量超越雅虎，成为仅次于谷歌的美国第二大网站。同样是 2010 年，中国版脸书——微博迎来了蓬勃发展的春天，四大门户网站纷纷加入社交网络的战局，仅 3 年后的 2013 年 3 月份，新浪微博的注册用户数量就突破了 5.03 亿，直逼国内第一大社交平台腾讯 QQ。

社交网络给社会生活带来的一个重要变化，就是人们得以通过社交网络的联系实现瞬时吸引和快速聚合，这意味着企业对和人有关的其他商业要素资源的吸引和整合成为可能。

社交网络以其瞬时吸引和快速聚合人气的特征，俨然成为现代商业的一种必需品。如果你足够细心就会发现，几乎所有的新兴互联网企业都在和社交网络结合。

每一家企业、每一个人都有自己独特的社交磁场，这个社交磁场决定了他们社会影响力的大小、生意机会的多寡和所隶属市场的竞争力强弱。企业和个人都必须注重经营自己的社交磁场，社交磁场决定了我们是否有商业向心力。而企业社交磁场的构建，关键在于企业在社交媒体时代的公关能力，这也是公关为企业赋能的逻辑起点之一。

二、商业磁场被彻底重塑：两大优势决定商业机会向何处聚集

身处商业社会，我们除了拥有社交磁场外，还有一个商业磁场。互联网在打开个人和企业的社交磁场的同时，也一同重塑了他们的商业磁场，让商业机会得以按照一定的程序快速井喷、精准锁定和完美对接。

2010年5月，阿里云对外公测；次年7月，阿里云开始大规模对外提供云计算服务。自此开始，包括阿里云、腾讯云、百度大脑在内的云计算、大数据、人工智能等技术作为重要的互联网基础设施开始进入企业应用层面并快速普及，这不仅大大缩短了现代商业后台运作的时间，也大大提升了商业供给与需求完美对接的效率，云计算、大数据、人工智能成为新兴商业爆发式增长和获得竞争加速度的强大技术支撑。

传统的商业机会向有成本优势和品牌优势的商业主体聚集，但云计算、大数据、人工智能给企业商业磁场带来了革命性变化，新兴商业机会开始向有时间成本优势和专业优势的商业主体聚集。

过去，成本（钱）是影响人们购买决策的重要因素，但在以云计算、大数据、人工智能为代表的互联网新经济时代，却产生了比这更重要的影响人们商业决策的要素，那就是时间成本。

以前我们打到一辆出租车需要花费的时间大概是20分钟，而在"网约车"之后，从办公楼出来就能直接坐上车，打车平均需要花费的时间不足5分钟。以员工月收入2万元计算，节省的这15

分钟时间大概价值 28 元；也就是说，从时间成本的角度来说，"网约车"比普通打车节省了 28 元。正因如此，打车的商业机会蜂拥着向有时间成本优势的"网约车"聚集。

2016 年 12 月 31 日，罗辑思维创始人罗振宇在他的跨年知识演讲中提出了国民总时间（GDT）的概念，他指出"时间是新的战场，也是新的货币，时间会成为商业的终极战场"，并提出"每个消费升级的行业都在争夺时间""消费者花的不仅仅是钱，他们为每一次消费支付时间""商机从空间转向时间"等关于国民总时间的命题。

罗振宇通过他对互联网经济的深入观察指出，未来有两种生意的价值会变得越来越大，一种是帮助用户节省时间，一种是帮助用户把时间用在美好的事物上并创造价值。

罗振宇关于国民总时间的阐述，很好地解释了互联网商业磁场发生的革命性变化，即商业机会从向有成本优势的商业主体聚集转变为向有时间成本优势的商业主体聚集。

另一个值得注意的现象是，目前大量的传统品牌在不断消失或丧失竞争优势。而在互联网新经济领域，为数众多的新兴品牌开始迅速崛起。在中国大消费领域深耕多年的 IDG 资本曾提出"大部分品牌未来 10 年将被新兴品牌取代"。IDG 资本预计，新生代创业者会在未来 10 ~ 20 年时间里创造一批全新的品牌，替换原来的品牌，中国会出现一批国际化、超百亿美金市值的新品牌，现有渠道 50% 以上的品牌都会被取代。

这是否说明在互联网时代纯粹的品牌优势，已经在一定程度上不再有竞争力了呢？又是什么在替代纯粹的品牌优势主导现代商业竞争呢？

答案是专业优势替代了品牌优势，决定商业机会向何处聚集。

商业机会向有专业优势的商业主体聚集，不专业就没有任何的商业机会，足够专业就不缺少商业机会。在以秒为传播单位的互联网信息传播时代，几乎所有的商业机会都会被更专业的商业主体鲸吞，互联网彻底地见证了专业的价值。

当前的互联网有三大不容忽视的风口，商机都是在这三大风口中出现，它们分别是工匠精神、知识付费和共享经济，它们背后都有一个共同的成功逻辑，那就是专业优势。

工匠精神的内核就是技术迭代，即越做越精、越做越好，不断突破自己的专业能力。许多互联网产品都是技术迭代的产物，用现在的眼光再去看苹果的第一代手机产品，会觉得还不如现在的山寨机，但在那个年代，正是不断的技术迭代成就了苹果的专业优势。

知识付费为什么能成为风口？因为他们贩卖的专业知识可以给你带来时间成本优势，可以为你赋能。当他们把自身的专业优势赋能给你，你就可以在更短的时间内获取知识、强化技能和完善工作。

共享经济大行其道也是专业优势在发挥作用。共享不仅包括衣食住行等领域有形的东西，劳动、资金、技能、时间，你能想到的许多无形资源也可以共享。在目前国内市场，共享经济在出行领域已经形成规模，在可预见的未来，高价值的闲置资源和面向人的标准化服务将成为共享经济最独特的标签，拥有专业优势的服务个体将通过用户口碑和大数据被筛选出来，这可以大大减少客户筛选服务的时间成本。

每一个人、每一家企业都有自己独特的商业磁场，它们正在被互联网的时间成本优势和专业优势彻底重塑。这个商业磁场决定了它们自身商业生态系统的强弱、整合商业要素资源能力的大小和所处商业地位身份的优劣。一个强大的商业磁场是构建现代企业商业向心力的必备条件。而公众对商业磁场中专业优势和时间成本优势的认知，同样离不开有效的公关传播，这是商业向心力的本质，是公关为企业赋能的第二大逻辑起点。

三、商业向心力竞争模式：社交磁场和商业磁场的完美共振

商业向心力，简而言之，就是商业主体对要素资源的吸引和聚合能力。

在现代商业社会中，正是社交磁场和商业磁场的共同作用，加剧了商业要素资源的流动，决定了商业要素资源的走向，让有商业向心力的企业享受了巨大的经济改革发展红利。

在互联网经济背景下，如果要给商业向心力一个确切的定义，那么可以包括下面四个基本层面的内涵（见图1）。

第一，资源聚合：商业向心力是企业对商业要素资源的吸引、

聚合及在此基础上的要素资源整合能力。

第二，磁场共振：商业向心力是企业社交磁场和商业磁场共振的结果，它们共同影响了商业要素资源的流向。

第三，生态打造：有商业向心力的企业不是以独立的商业个体参与市场竞争，而是以一个以自身资源禀赋为中心、以商业向心力为半径所构建的商业生态系统参与市场竞争。

第四，末端爆发：商业向心力有明显的末端爆发的特征，用户不是终点，购买不是结束，他们都是商业向心力的延伸，将为企业的商业生态系统吸引和聚合更多的要素资源。

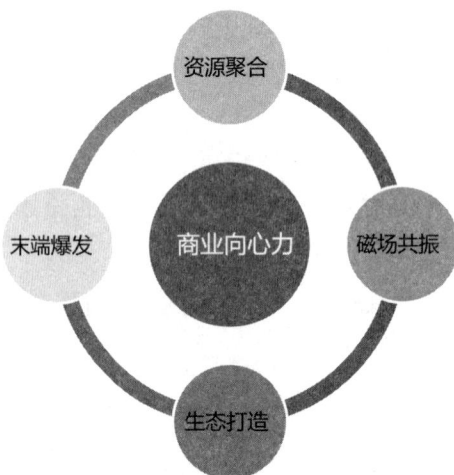

图 1 商业向心力的四个基本层面

据此，我给商业向心力的定义是：

商业向心力是商业主体对要素资源的吸引、聚合，以及在此基础上对要素资源的整合能力，它的本质属性是社交磁场和商业磁场的共振影响商业要素资源的流向，并由此形成一个以企业自身资源禀赋为中心、以商业向心力为半径的商业生态系统，这个生态系统会随着商业向心力的提升而不断地在末端爆发，从而聚合更多的要素资源。

以摩拜单车为例，我们来看看它是如何在短短两三年时间里吸引和聚合众多的商业要素资源，快速成长为一家独角兽公司的。

摩拜不是第一个做共享单车的，甚至在 2016 年共享单车风口争夺最激烈的时候，全国有超过 25 个和摩拜类似的共享单车品牌，但绝大多数最后都是惨淡收场，摩拜一路过关斩将的秘密是什么呢？

摩拜从一开始就非常重视通过社交媒体经营自己的社交磁场，这让摩拜迅速吸引和聚合了远超其他对手的人气和媒体的关注。摩拜单车创始人胡玮炜是记者出身，这让她能够敏锐地捕捉社交媒体的新闻敏感点，她摒弃了枯燥的产品推介思路，从"讲故事、谈情怀、聊创业、话环保"等多角度来建立摩拜的朋友圈，摩拜的推介满满的都是社交媒体传播的套路。

从竞争的初期到成熟期，摩拜在社交媒体的曝光量远超其他同类品牌，人们谈论共享单车首先想起的就是摩拜和胡玮炜。胡玮炜还非常善于捕捉主流媒体的政治嗅觉，她因为摩拜单车主打的"大众创新""共享经济"等标签成为国家总理的座上宾，这也成为彻底引爆摩拜社交磁场的标志性事件。

与此同时，有多篇关于摩拜的点击量超 10 万次的文章在社交媒体疯传，比如"摩拜美女创始人胡玮炜：如果失败了，就当做公益吧""超过阿里巴巴和滴滴！80 后美女 CEO 把一个公司从 0 做到估值 100 亿"等。关于摩拜善于经营自身社交磁场的另一个印证是，坊间还掀起了一波"ofo 投广告，摩拜做公关"的大讨论。

与其他单车产品不同的是，胡玮炜做共享单车一直在向苹果产品看齐，摩拜单车不断进行迭代升级，使产品使用体验和专业优势在众多共享单车品牌中维持领先，这让摩拜相比其他单车有了更强大的商业磁场，优质要素资源纷纷向摩拜聚合。

证明摩拜有强大商业磁场的一个典型案例是，2017 年 6 月 19 日，在摩拜和 ofo 两头下注的马化腾十分罕见地在朱啸虎的朋友圈公开挺摩拜、怼 ofo，认为 ofo 是智能化浪潮下的非智能机。而且，微信也把最优质的流量入口给了摩拜，将优质用户资源导入摩拜的意图非常明显。

2017 年 9 月，最新发布的苹果 iPhone8 和三星 Note8，在用户不启动摩拜 APP 应用程序的情况下，可以直接使用摄像头扫码解锁摩拜单车，这进一步降低了摩拜的使用门槛，这是优质的商业要素资源进一步向摩拜倾斜的真实写照。

相比其他共享单车品牌，摩拜的时间成本优势更加突出：首先，摩拜的故障率更低；其次，摩拜使用电子锁，用户解锁更快捷；再次，每辆摩拜单车均有定位功能，用户找车更方便；最后，支持微信直接接入摩拜，现在甚至还可以直接用摄像头接入摩拜，更进一步节省了用户的时间成本。在相当长的一段时间内，摩拜反复向公众和媒体公关输出其商业磁场的专业优势和时间成本优势，并通过其与摩拜社交磁场的共振向更广泛的社会群体进行公关渗透，这让摩拜在市场上形成了巨大的商业向心力，促使各路要素资源向摩拜进一步聚合。

摩拜在商业向心力末端引爆的特征则更加明显。它的很多用户都自发成为摩拜的推销员，这是其他共享单车品牌无法实现的。

四、无边界的要素资源管理：公关为企业赋能，提升商业向心力

商业向心力的构建及发挥作用的过程，是一个商业主体进行系统的资源聚合、磁场共振、生态打造和末端爆发的复杂过程，这一过程的实现并不是依靠传统的企业管理的力量，而是依靠现代公关管理的力量，即公关为企业赋能，吸引、聚合、整合并激活要素资源。

现代管理之父彼得·德鲁克认为，管理就是界定企业的使命，并激励和组织人力资源去实现这个使命。界定企业的使命是企业家的任务，而激励与组织人力资源是领导力的范畴，二者的结合就是管理。

可见，德鲁克关于企业管理的观点并没有涉及聚合要素资源的职能，也没有涉及超出管理边界打造商业生态的职能，更没有涉及

激活要素资源在末端爆发的职能。按照现代管理理论,管理针对的对象更多的是限于企业自有资源禀赋范畴的要素资源,并不涉及对企业之外更广泛要素资源的聚合与管理,因为它无法确认管理的对象,更无法实现直接对处于自由流动中的要素资源进行管理。

简而言之,传统企业管理是对有边界的要素资源的管理,而商业向心力是对无边界的要素资源的管理,而要实现对无边界的要素资源的管理,唯有通过公关这种管理方式。因此,我把提升商业向心力称为更高级的企业管理,是用公关的方式替代现代管理来实现对更广泛要素资源的管理,即公关为企业管理赋能。

我们打一个简单的比方:马云可以通过调整阿里巴巴内部组织架构,组建一个非洲团队来开拓非洲市场,这是企业管理在发挥作用。但他无法通过直接管理非洲的其他企业、消费者、供应商而共同建立一个阿里巴巴的非洲市场,因为他对这些要素资源没有任何的管理权限,无法发挥管理职能。不过,马云可以通过公关的手段,在非洲传播阿里巴巴庞大的网商生意和优质的网购体验,建立起阿里巴巴在非洲的社交磁场和商业磁场,来吸引和聚合当地的企业、消费者、供应商在阿里巴巴的网站上买卖,进入阿里巴巴生态系统,从而间接建立起阿里巴巴在非洲的一种商业生态,他甚至都无须建立一个非洲业务的管理团队。

在这个案例中,建立团队开拓非洲市场就是有边界的管理,聚合要素资源形成商业生态则是无边界的管理;前者依靠的是领导力,后者依靠的则是商业向心力。

五、商业向心力终极目标：全要素资源整合，精准对接供给与需求

在云计算、大数据等技术普及以前，企业对外部要素资源的整合是一件难度很大且不现实的事情，因为企业只能判断供给端数据，无法第一时间掌握需求端数据。

比如出租车公司想整合顾客资源，想清楚地知道每一位顾客的出行时间、地点及目的地，每一位出租车司机的位置、是否空载等信息，从而为顾客匹配最近的出租车司机，这在过去是一件不可能完成的任务。有了云计算之后，企业可以通过顾客的手机客户端及时了解当前每一位顾客的出行时间、地点及目的地信息，并精准匹配最近的司机，整合顾客资源成为一件很轻松的任务。也就是说，在社交磁场和商业磁场的完美共振作用下，网约车企业可以让出行市场的供给和需求实现精准对接，可见全要素资源整合是多么美妙的商业体验。

借助云计算、大数据、人工智能等技术，企业不仅可以做到对内部要素资源了如指掌，还可以对外部要素资源洞若观火，并基于此进行商业机会的精准匹配，让企业的内部、外部两大层面的全要素资源整合成为可能。

社交网络对人气的瞬时吸引和快速聚合，为企业通过公关来间接管理更广泛的商业要素资源提供了可能；云计算＋大数据＋人工智能对企业时间成本优势和专业优势的重塑，为即时的商业响应和

快速的商业机会对接提供了条件，正是这两者的完美结合，为我们的商业打开了一个全要素资源整合的窗口。未来对无限资源的整合或者说全要素资源的整合，才是最强大的商业模式，而这也正是商业向心力的终极目标。

六、驶入商业向心力时代：一次由互联网引发的管理变革

很多人看不明白的一点是，传统企业的目标是追求盈利，现在越来越多的互联网企业没有盈利，甚至也不追求盈利，为什么？原因是现在已经是一个比拼商业向心力的时代，只要有持续的商业要素资源流入，企业就无须为眼下是否赚钱担忧。

传统企业依靠盈利，通过兼并、重组等方式整合要素资源来滚动做大，而新兴的互联网企业早已摒弃了兼并、重组的模式，依靠聚合更多的自由流动的要素资源来做大，企业只要拥有商业向心力，它就能不断吸引巨额资金、海量顾客、充足的供应商、优质的媒体版位等要素资源，即使没有盈利，企业也无须为生存担忧，它们唯一需要担心的就是会否在激烈的竞争中丧失吸引要素资源的能力。

现代企业如果没有商业向心力，就意味着它没有商业价值，仅仅是一种如同"僵尸企业"的商业存在而已，只能通过传统的兼并方式来缓慢地扩张，只能在窄域的维度上参与市场竞争，无法做到具有商业向心力企业的末端爆发。而有商业向心力的企业则不同，

它自身有无数的商业要素资源依附在其中主动创造价值，企业从中分享它们成长的红利。今日头条每天向公众推送海量的新闻、视频、问答等内容信息，但它自己的员工并不产生内容，这些内容都是大量的新闻机构和海量的用户贡献的，只要拥有商业向心力，今日头条即便没有兼并新闻机构和雇用大量的员工来生产内容，它也能够保持无与伦比的市场竞争力。

商业向心力理论引发的是一次由互联网引发的管理变革。这场变革正在将企业竞争从窄域竞争引向宽域竞争；这场变革正在将企业的社交磁场和商业磁场彻底重塑；这场变革正在将市场上的要素资源进行重新排列组合。

商业向心力的作用与价值：为现代企业赢得竞争加速度

风口已成为当前新经济普适性的价值追求，企业希望以此获取比常规经济体更快的发展速度和更强大的资源聚合能力。

但鲜为人知的是，在高度发达的互联网圈，有一个词可以完全替代风口，扮演企业竞争加速度提供者的角色，那就是商业向心力。在商业向心力的催化下，企业的发展已经彻底突破了自有资源禀赋的制约，实现了对社会无限资源的聚合，使企业在短时间内就可以实现几何级的增长。

怎么大风越狠

我心越荡

幻如一丝尘土

随风自由的在狂舞

我要握紧手中坚定

却又飘散的勇气

我会变成巨人

踏着力气

踩着梦

…………

在 2016 乐视生态全球年会上，贾跃亭满怀激情地演唱了苏运莹的《野子》，他的演唱震惊全场，激起无数乐视追梦人的共鸣。

遗憾的是，蒙眼狂奔的乐视没能成为梦想中的巨人，"战神"贾跃亭最终兵败于自己一手构建的乐视生态，"狂人"孙宏斌治下的乐视不得不断臂求存，乐视生态就此彻底走向终结。

乐视虽然失败了，但从商业向心力的角度来讲，乐视并不是一个完全的反面案例。乐视究竟有何许魔力，让它在短短的五六年时间里，吸引了巨量的商业要素资源向其疯狂聚集？在巨量的商业要素资源面前，时间为何成为贾跃亭眼中的最大敌人？或许，我们可以在对商业向心力极大作用的探讨中找到答案。

一、即时效应：对商业要素资源的强大瞬时吸引力

商业向心力对企业的第一个明显的作用，就是有商业向心力的企业对商业要素资源有强大的瞬时吸引力，它们在获取商业要素资源方面的时效性更强，通常在短时间内就可以在市场中匹配到想要的资源。

2017 年 7 月 18 日，中国雄安建设投资集团有限公司（以下简称"雄安集团"）高调成立，注册资金 100 亿元。雄安集团被认为是千年大计雄安新区万亿元基础设施投资的主体，集团成立后便展开公关攻势，主流媒体密集报道雄安集团最新动向。依托千载难逢的雄安新区投资开发的商业机会，雄安集团的成立获得了全国媒体的广泛关注，很快就建立起自身强大的商业向心力。

2017 年 8 月 31 日，新成立的雄安集团首次面向全国招聘 23 名中高级专业技术人员，涉及战略研究、规划、投融资等领域。在招聘公告发布后的短短一周时间内，雄安集团专属招聘网页浏览量就达到 158 332 人次，微信 H5 页面浏览 90 276 人次，共收到中高级专业技术人员简历 4 123 份。

对于一家新成立的、需要争分夺秒投入运营的投资集团而言，在错综复杂的市场中快速寻找、筛选和匹配出骨干人才，本不是一件容易的事情，但在商业向心力的作用下，雄安的招聘却变成了一件简单的事情，在短时间内就建立起一个 4 000 人规模的中高级人才储备库。

有商业向心力的企业吸引和聚合要素资源的即时效应，主要依托发达的社交网络、社交媒体，信息的传播以秒为单位，这让企业的商业向心力得以实现瞬时传导。没有商业向心力的企业，虽然也能够实现信息的瞬时传导，但却无法达成吸引和聚合要素资源的结果。

二、催化效应：加速商业要素资源的重新排列组合

盘点近年来互联网的风口行业，我们可以看到一个残酷的现实：如果一家企业没能在尽可能快的时间内被公众熟知，最终的结果大概是成为这个行业的炮灰。

要素重排是一个快速催化的过程，当没有商业向心力的企业还在四处拉拢要素资源时，有商业向心力的企业已经展开"圈地运动"了，并在市场拓展过程中快速进行产品迭代，企业发展的速度远超同行。

网络外卖行业就是商业向心力催化要素资源加速重排的典型。

2008 年，饿了么平台正式上线，并在同年推出餐厅一体化解决方案，此后的 5 年间，饿了么发展非常缓慢。

转折点出现在 2014 年 5 月。饿了么获得了大众点评网领投的 8000 万美元投资，并与其结为深度战略合作伙伴。借由大众点评网在餐饮市场多年积累的强大商业磁场和社交磁场，饿了么很快就打开了局面，开启飞速发展模式，同年 9 月员工人数就超过了

2000 人，在线订餐服务覆盖全国近 200 个城市，加盟餐厅近 18 万家，日均订单超过 100 万单。

在饿了么快速崛起的同期，美团外卖、百度外卖、口碑外卖、到家美食会、麦乐送、宅急送、点我吧、生活半径、订餐小秘书、淘点点、饭统网等众多平台也开始追逐网络外卖这一市场风口。

相比之下，美团外卖 2013 年 11 月份才正式上线，百度外卖 APP 2014 年 8 月才正式推出，然而它们在餐饮市场的商业向心力却丝毫不逊色于大众点评。美团依托自身团购市场的老大地位，拥有众多的餐饮商机和用户朋友圈；百度则依托糯米网的餐饮资源、搜索引擎流量优势和本地生活服务技术优势，很快在网络外卖市场占据一席之地，饿了么、美团外卖、百度外卖三足鼎立的局势渐成。

有人可能认为，外卖市场之所以能够实现快速的要素资源重组，归根结底是钱在起作用，三大外卖平台疯狂烧钱抢下了市场，其他平台成为炮灰是因为没有美团、百度那样的烧钱能力。其实这样的观点有失偏颇，互联网行业中像百度、美团一样敢烧钱的企业太多了，多少资本大鳄对互联网风口行业虎视眈眈，为了赶上风口而一掷千金的又岂止李彦宏和王兴呢？百度外卖、美团外卖、饿了么之所以能够拿下这个风口，是因为他们背后的庄家在餐饮市场拥有无可比拟的社交磁场和商业磁场，也就是商业向心力，正是这种独一无二的商业向心力的催化，使外卖市场风口的角逐在短短一两年时间内就尘埃落定。

三、虹吸效应：优质商业要素资源向有商业向心力的企业快速集中

我们在谈论经济学的时候，习惯于认为市场有一种马太效应，即强者恒强，商业要素资源始终会向行业领头羊聚集，甚至会最终形成垄断。商业向心力可以突破马太效应的约束，改变商业要素资源的流向，其对优质商业要素资源的虹吸能力丝毫不逊色于马太效应。

关于商业向心力虹吸优质商业要素资源的最好例证，就是蚂蚁金服旗下的余额宝，它所吸纳的巨量商业要素资源，已经让国有银行感受到了实实在在的威胁。

"1元起购，定期也能理财"，2013年余额宝的横空出世，开启了国人互联网理财元年，上线仅1年，余额宝就让成千上万从来没接触过理财的人萌发了理财意识，余额宝一时间成为国民理财神器。巨量的银行储蓄用户将存款转投余额宝理财平台，在余额宝强大的资金聚拢效应影响下，各大银行纷纷推出类余额宝产品以应对挑战，比如平安银行推出平安盈，民生银行推出如意宝，中信银行联同信诚基金推出薪金煲，兴业银行推出兴业宝和掌柜钱包等，但"宝宝"军团的出现，并未影响到余额宝中国第一大货币基金的地位。2015年，余额宝的净利润为231.31亿元，在利润排名前五位的基金中，天弘余额宝排名榜首，排名后四位的基金年利润均超过70亿元，但没有一家超过百亿元。

截至 2017 年 6 月底，余额宝的规模达到了惊人的 1.43 万亿元，超过了招商银行 2016 年底的个人活期和定期存款总额，直追 2016 年中国银行的个人活期存款平均余额 1.63 万亿元，余额宝现已成为全球最大的货币基金。同时，据天弘基金公告，自 2017 年 5 月 27 日起，个人持有余额宝的最高额度调整为 25 万元。

余额宝之所以能够上演银行存款搬家的惊人一幕，离不开阿里巴巴在互联网支付、互联网金融、小微企业电商等领域强大的商业向心力。截至 2018 年 9 月，支付宝的全球活跃用户已达 8.7 亿，正是支付宝强大的社交磁场，让余额宝在短时间内就拥有了巨量的用户，同时阿里巴巴芝麻信用为超过 2000 万家中小微企业进行企业信用评分，它们成为余额宝商业磁场的强大依托，这也是余额宝快速崛起的重要基础。

四、劣汰效应：对市场重新洗牌

古往今来，人类对优质要素资源的追逐从来没有停止过。

希腊神话中的特洛伊战争，表面上是为了争夺世上最漂亮的女人海伦，阿伽门农统率希腊联军对特洛伊发动了十年攻城战。但根据历史文献的论述，特洛伊地处交通要道，商业发达，经济繁荣，人民生活富裕，以阿伽门农为首的亚细亚各君主早就对地中海沿岸这一最富有的地区垂涎三尺，一心想据为己有，就以最漂亮的女人海伦为借口发动了战争。

在现代商业社会，争夺优质要素资源已不需要通过发动一场旷日持久的战争来解决，拥有足够的商业向心力，你不仅可以左右优质要素资源的流向，还可以在自身的生态系统中形成要素资源的优胜劣汰机制，实现要素资源的反向追逐——这便是商业向心力的劣汰效应。

商业向心力的劣汰效应，主要体现在两大方面：

第一，有商业向心力的企业会不断加剧市场竞争的升级，从而对其他的竞争企业形成劣汰效应，并最终让竞争者丧失对优质要素资源的吸引能力。

美团网劣汰拉手网，就是有商业向心力的企业劣汰竞争者的经典案例。尽管拉手网通过大手笔的广告和"烧钱"扩张奠定了在团购市场的头部优势，但这种头部优势并没能让拉手网笑到最后。当拉手坐在功劳簿上等着 IPO 获批的时候，美团却在通过不断完善用户和商家的服务体验，以团购的体验细节和专业优势不断增强美团的社交磁场和商业磁场。美团在电影团购领域的用户和商户体验上深耕，上线了中国最大的电影票预订 APP 猫眼电影，不到 3 年的时间其用户数量就达到了 2 亿，猫眼电影成为美团放大自身社交磁场的杀手级应用。

第二，有商业向心力的企业会让优质要素资源市场的活力快速释放，并让优质要素资源形成自身的商业向心力，以此挤压劣质要素资源的生存空间，如此循环往复，企业对生态系统内的要素资源不断产生劣汰效应，优化自身商业生态。

2013 年，国内竞争激烈的 B2C（Business to Customer 的缩写，商对客）电商巨头们竞相走上了开放平台之路，京东、当当、苏宁、凡客、亚马逊等纷纷发力平台电商，然而它们对要素资源的劣汰能力却不可同日而语。京东凭借"正品行货"的商业向心力优势，很快就锁定了一批优质的品牌商家，这让京东平台内商家对品质的追逐取代了通常对流量的追逐，从而挤压了流量商家的生存空间，并最终奠定了京东精品电商的商业生态。

时至今日，京东与其生态内的优质电商商家一并享受了巨大的电商发展红利。这就是商业向心力劣汰要素资源的神奇之处。

五、生态效应：为商业生态内的个体广泛赋能，激发它们的创新活力

商业向心力有利于围绕企业形成稳定的商业生态圈，从而让微观层面的要素资源重排而产生强大的商业内生能力，激发每一个商业细胞的创新活力和创造能力——这就是商业向心力的第五大作用：生态效应。

阿里巴巴是一个名副其实的电商商业生态系统，这个生态系统内有很多成长速度惊人的商业存在。

2017 年的阿里巴巴 18 周年年会上，马云说现在的阿里巴巴在规模上已经是世界第 21 大经济体，他提出阿里巴巴的目标是再过19 年，能够进入前五大经济体行列，为全世界提供 1 亿人的就业

问题，服务 20 亿的消费者，成为 1 000 万家中小企业创造盈利的平台。"

马云的豪言能否成真尚待时间的验证，但阿里巴巴确实已经构建起了一个超级电商商业生态系统，各种要素资源在这个生态系统中充分聚集，它们每天都在进行着微观层面的要素重排，每天都有不同的商家、不同的品牌脱颖而出。

有商业向心力的企业，不仅会构建一个以自身资源禀赋为中心、以商业向心力为半径的商业生态系统，而且这个生态系统内的单体还会产生出强大的生态效应，借由生态系统的"养分"迅速地成长壮大——三只松鼠就是阿里巴巴商业向心力"生态效应"的一个鲜活注脚。

三只松鼠这一在阿里巴巴生态系统里成长起来的互联网食品公司，2012 年才成立，但在 2013 年它的销售量就已经突破了 3 亿元，2015 年 9 月，其估值达到了 40 亿元，阿里生态圈内这样一家小公司的成长速度就已经远超一般的商业个体，这一生态的巨大力量可见一斑。

过去的商业竞争只能算是"巷战"或者"遭遇战"，现在的商业竞争却已经是"多兵种协同"和"陆海空一体化"，商业竞争已经告别了单体作战的局限，升级为生态系统的对抗。

六、"黑洞"效应：商业向心力就是消费者主权本身

这是一个要素资源高度泛滥甚至略显过剩的时代，或者说是买方市场时代，消费者主权上升到了前所未有的高度，消费者的选择越来越成为市场上起支配作用的因素。

但如果你天真地就此以为消费者主权完全由消费者的意愿决定，那你就大错特错了，消费者的购买决策从来不完全是由个人意愿决定的，他们的决策始终受广告、营销、时尚潮流、意见领袖等各种外在因素的影响。除了这些因素，在商业向心力时代，他们还受制于由商业向心力所构建的消费路径的绝对影响。

有商业向心力的企业或者商业生态系统，就像是消费市场中一个拥有巨大引力的"黑洞"，它们能轻而易举地将消费者的"货币选票"收入囊中，所谓的消费者主权就是商业向心力的别名。

你想去看一场电影，你不会直奔影院，在售票处胡乱选一部正在上映的影片了事，你会在群里先问一下有什么正在热映的影片值得一看，或者打开猫眼电影、豆瓣电影、微信娱票儿、时光网等看看上线电影的评分，搜一搜电影达人的影评，结合朋友圈的口碑，最终决定自己要看哪部电影。你相信了豆瓣、猫眼等平台的专业推荐，你选择它们为你看电影做辅助决策，这其实就是这些平台的商业向心力在发挥作用，你的消费路径和消费选择早已经被它们锁定，换句话说，你早已将自己的"货币选票"交给了它们。

总之，商业向心力就是消费者主权本身，消费者逃离不了被商业向心力这一"黑洞"捕获的命运。无论是否出于自愿，消费者的选择都将会向有商业向心力的企业集中，商业向心力始终是消费者主权时代消费者做出购买决策的隐秘依据。

第二章

构建商业向心力：
公关赋能商业，打造全要素竞争模式

引言：构建商业向心力的核心思想

本章将提出构建现代商业向心力的三大密钥：以人为本，公关赋能商业，全要素竞争。即：

构建现代商业向心力的核心思想是"以人为本"，

构建现代商业向心力的管理逻辑是"公关赋能商业"，

构建现代商业向心力的模式依归是"全要素竞争"。

本章将具体呈现如何构建现代企业的商业向心力。

人是一切现代商业要素资源的核心。要素资源选择向哪里流动，选择从哪里撤出，都取决于人的决策；以人为本，也是互联网赋能现代商业的逻辑主线，互联网每一个连接点背后都是人的意志，互联网商业模式不会超越人而独立存在。

以此类推，商业向心力的本质正是人们的集体意志在现实商业活动中的映射，我们构建和打造商业向心力也始终围绕着人进行。

人的作用正在变得越来越重要。人超越了资金、原料、运输工具、工厂、店面、产品、互联网等物理性质的要素资源，成为现代商业竞争的决定性力量。

比如企业经营需要筹措和调配资金，资金的背后是人在操控，从众筹创业、天使投资、种子投资、A 轮融资、B 轮融资、C 轮融资到 IPO（首次公开募股）融资，没有一项是由计算机、互联网或者资金等资源独立完成的，所有投资决策背后都是人在发挥着决定性的作用，互联网不过是人们进行投资决策的辅助工具。

现代商业的核心是"人"，而不是"物"，尤其是和互联网有关的现代商业。比如微信公众平台的入口有这样一句为大家所熟知的广告语："再小的个体，也有自己的品牌。"对此，"微信之父"张小龙解释说，微信必须像腾讯的其他产品一样，把用户价值放在第一位，鼓励真正对用户有价值的服务出现在微信的公众平台里。可见，微信商业生态的繁荣，核心也是人，而不是互联网，更不是其他。

过去是资源主导商业的发展，地理上的资源禀赋优势决定哪个城市在商业上更容易取得成功；现在是人主导商业的发展，人才资源禀赋优势决定哪个城市在商业上会取得成功，所以现代城市的竞争力越来越取决于"人才竞争力"。

底特律，全球知名的美国港口城市，风光无限的全球"汽车城"，它是一个汽车时代的全球佼佼者，一个集多种地理资源禀赋优势的经济标杆城市……但在 2013 年 12 月 3 日，它宣告破产了。

底特律的陨落源于人才的流失，曾经风光无限的汽车城，如今已经沦为人去楼空的"鬼城"。"空荡的摩天大楼，残破的乡村别墅，拿着酒瓶游荡的颓废老男人……"这是记录者对底特律景象真实而残酷的描述。

正因为现代商业的核心是人而不是物，才为公关赋能商业提供了理论和实践上的可能，企业通过公关管理可以广泛吸引人才资源，为自身和商业生态系统赋能，打造企业自身的商业向心力。

公关的所有环节，都是在和人打交道，都是在围绕着人来创造价值，这与现代商业以人为核心的特点完美契合。

一般企业往往认为公关像广告、营销一样，只是用于服务企业内外沟通的一种信息传播工具，或只是企业品牌宣传的一种手段，有关系管理的职能。

但是在现代商业语境下，上述认识是片面的。现代公关已经成为企业构建商业模式、进行战略管理、组织市场竞争不可分割的一部分，公关是深入现代企业骨髓的。

企业商业向心力的管理逻辑是公关管理赋能现代商业，即利用公关手段来统领所有与企业发生商业关系的人，这种统领不仅可以维系企业与他们之间良好的信任关系，也能向他们传递企业的信息和文化以谋求认同，还能借公关来有效管理和推动企业的商业生态系统的有序运行，促进商业生态系统内要素资源的新陈代谢，包括但不限于吸引要素资源加入、激发要素资源活力和引导要素资源创造价值、优胜劣汰等。

在由社交网络、互联网大数据及物联网构建的现代商业社会中，商业主体与要素资源已经是一种密不可分的关系，毫不夸张地说，每一家企业都将作为一个商业生态系统而存在，不是一种或几种要素资源简单的搭配组合，而是一个可以不断新陈代谢的有机生物体。

所有商业生态系统的有序运行，都需要进行全要素资源的整合和劣汰，以此来不断升级产品或服务。像过去一样将几种老旧的要素资源简单搭配，就将产品推向市场的企业，在今天多半将陷入破产或被淘汰的结局。构建现代企业商业向心力的模式依归，是全要素竞争。

比方说，生产空调的传统企业若不进行全要素资源整合，并基于此来升级自身产品，就会被竞争对手整合要素资源、升级空调产品超越和替代。空调现在什么样，不代表将来还是什么样，假如有一天有公司整合市场上的要素资源，推出一款人工智能空调机，或者一款可以替代传统加氟空调的更高效的空调产品，当下的中国空调市场格局必然要换一番模样。

以人为本的全要素竞争：打造八大要素资源、两大生态系统的商业向心力

> 全要素竞争是构建商业向心力的模式依归，目前中国有两个半全要素竞争的商业向心力管理标杆企业，一个是腾讯，另一个是阿里巴巴，剩下的半个是华为，它们是中国商业竞争的"活跃分子"。
>
> 相比之下，传统经济领域有很多"僵尸企业"，新经济领域也有很多"冬眠企业"，封闭、重资产、体内循环、新陈代谢缓慢、不关注优质要素资源流向是它们的五大特征，而所有这些特征都是和商业向心力背道而驰的。

任正非在 1996 年和 2007 年先后两次主导鼓励员工集体辞职的

公司改革，有人将华为的管理变革称为"任正非'血洗'华为"，但任正非认为这是正常的企业内部新陈代谢，因为"任何一个民族、任何一个组织只要没有新陈代谢，生命就会停止。如果我们顾全每位功臣的历史，那么就会葬送公司的前途"。其实，比任正非"血洗"华为更残酷的，是新陈代谢缓慢的公司被市场"血洗"——现代商业的新陈代谢不断加快，企业一旦让垃圾要素资源填塞体内空间，就会很快面临被淘汰的命运；企业一旦封闭守旧，对市场中的优质要素资源不闻不问、视而不见，也会很快丧失竞争优势。

这是一个全要素竞争的商业向心力主导的时代，每一种要素资源都需要新陈代谢。商业生态的新陈代谢和自然界的新陈代谢道理相通，不能只依靠体内循环；没有外部要素资源的补给，企业的新陈代谢就无法完成。全要素竞争就是确保企业商业生态有序运行的不二法门。

一、全要素竞争：八大核心要素资源的吸引与整合

一家企业若能在八个核心要素资源层面都构建起商业向心力并展开宽域竞争，即可称之为全要素竞争商业模式。这八大核心要素资源分别是：资金资源、人才资源、上下游合作伙伴资源、顾客资源、战略同盟资源、政府及社会组织资源、媒体及公共宣传资源、公众及社群资源（见图2）。

现在及未来的商业竞争其实是企业所能够整合的核心要素资源的竞争，谁能够用有利整合最好、最多、最活跃的要素资源，谁就能轻而易举地在竞争中胜出，谁就能快速地把握市场机会。

外部—环境—商业

战略同盟资源（提供商业支持/资源共享）
跨界联合：腾讯系、阿里系
资源共享
利益结盟：百度系、航空联盟
信誉背书

政府及社会组织资源（提供政策支持/公共咨询）
政策制定者
企业监管者
行业协会
公益团体

媒体及公共宣传资源（提供信息传播服务）
新闻媒体
意见领地
行业专家
行业自媒体
社交媒体

公众及社群资源（提供口碑/培育顾客）
社会公众
社群/社群团体

企业需要整合的八种核心"资源要素"

参与运营

资金资源（参与或协助企业项目投融资）
投融资
种子轮
天使轮
A、B、C轮融资
IPO
银行贷款
发行企业债券
供应链金融

人才资源（参与或辅助企业运营）
员工招聘
合伙人招募
职业经理人招募

上下游合作伙伴资源（辅助研发生产售后服务）
供应商
渠道商
售后服务商
技术服务商

顾客资源（参与产品消费/产品体验/产品反馈）
消费者
大客户
VIP客户

"互联网+"时代要素资源的特点："水"论

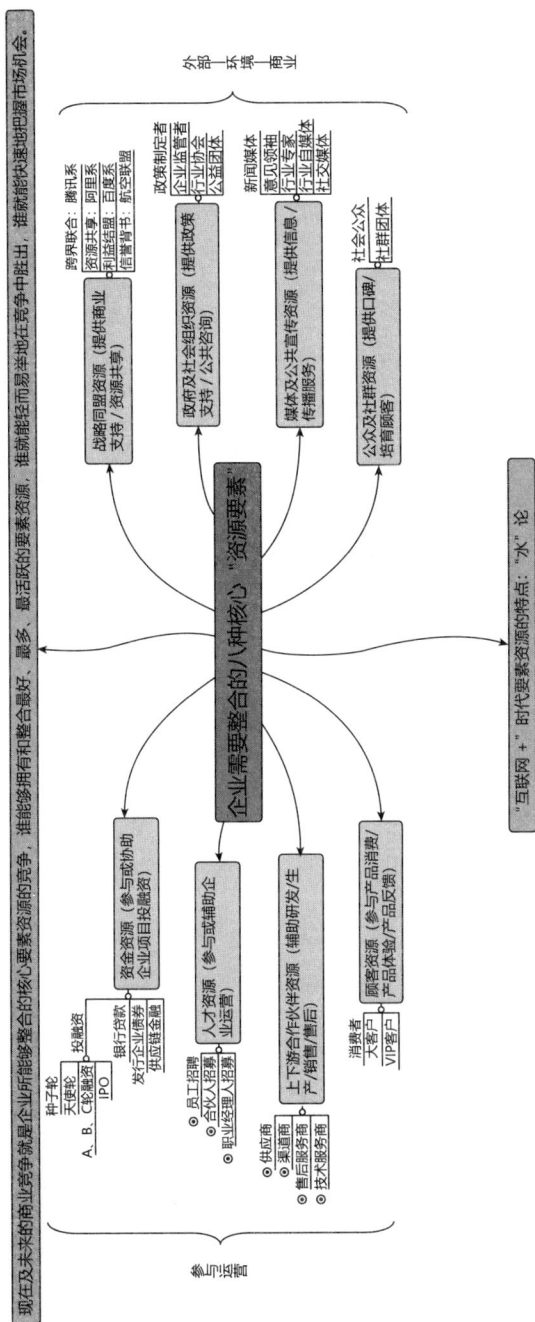

图 2 八大核心要素资源一览

值得一提的是，这八大核心要素资源的中心是"人"而不是"物"，因此企业要吸引和整合的最重要的要素资源是以人为中心的资源。

1. 资金资源（参与或辅助企业项目投融资）

要赢得现代商业的宽域竞争，企业对资金资源的吸引力大小将决定企业能否抓住转瞬即逝的市场机会。

比如企业看好某一市场，但自身缺乏足够的资金、基础设施或相关专业背景，为了分担项目风险，需要找几个投资主体参与，那么企业通常就要向公开市场进行融资，包括但不限于众筹、风险投资、IPO融资、银行贷款，以及上市公司的定向增发、配股、发行可转换债券、股权质押等，让项目得以正常推进。

这时候你就要思考，自身所在的企业对资金资源或资金背后的专业投资机构有足够的商业向心力吗——不同的企业对资金资源的吸引力迥然不同，有些企业可以轻易地获得融资，有些企业获取融资却异常艰难，投入大量过桥费也未必能融到足够的资金。比如摩拜单车和酷骑单车对资金资源的吸引力差距就非常大，优步和滴滴对资金资源的吸引力也相差甚远，阿里巴巴和万达对资金的吸引力也大不相同；甚至同一家企业，在不同的舆论背景下，融资的难易程度也明显不同，比如2015年的乐视和2017年的乐视对资金的吸引力就明显有别。

尽管公开市场的利率是固定的，投资机构对商业机会的判断也不会持双重标准，但企业获取投资的情况却似乎与这些并不相干，投资就是对有的企业始终保守，对有的企业却坚决激进，比如，"滴滴打车"疯狂融资笑到最后，作为国内首款打车软件的"打车小秘"却融资遇阻，中道崩殂，这背后其实就是商业向心力的作用。

2. 人才资源（参与或辅助企业运营）

人才对现代企业的重要性不言而喻，无论是企业直接雇用参与运营的内部人才，还是间接雇用与企业商业生态有共生关系的外部人才，他们能力的强弱都决定着企业竞争力的强弱。比如百度吸引到人工智能科学家吴恩达，就奠定了在人工智能领域的先发优势。在入职百度前，吴恩达就已在国际人工智能领域享有盛名，这位华裔美国人是目前国际上人工智能和机器学习领域最权威的学者之一。

商业生态系统对人才资源有吸引力也同样重要，比如当前火热的直播平台，热门主播的数量和质量直接决定了直播平台的竞争能力，签约的有 IP 价值的当红主播数量直接影响着平台人气。

3. 上下游合作伙伴资源（辅助研发 / 生产 / 销售 / 售后）

上下游合作伙伴在辅助产品研发、生产、销售和售后等方面的作用，丝毫不逊色于企业自身业务部门的作用，甚至充当着企业左右手的重要角色，企业对他们的商业向心力直接影响自身的竞争力。

都说"不怕神一样的对手，就怕猪一样的队友"，上下游合作伙伴资源是否优质，是否能够快速适应市场的变化，是否能实现利益高度捆绑，无一不影响着企业的竞争力。

阿里巴巴在推出"菜鸟网络"之前，就遭遇了"猪队友"们"低效物流服务"的尴尬。2009年到2012年的"双十一"活动期间，订单堆积如山，消费者两三周都收不到货，在京东"快，才痛快"广告下阿里巴巴沦为笑柄，马云一气之下联合多家物流公司建立智能物流网络，也就是现在的"菜鸟网络"，帮助"猪队友"们提升物流效率，才最终扭转了自身在电商物流服务方面的颓势。

4. 顾客资源（参与产品消费／产品体验／产品反馈）

从商业向心力的角度看，真正意义上的顾客资源指的不是消费了企业产品或服务的人群，而是指在消费心理上对企业有特别倾向的人群。

我们前面讲到企业有社交磁场和商业磁场，其实企业的产品和服务还有"消费磁场"。产品的消费磁场是由企业的商业向心力和专业的产品共同决定的，具体表现为在商业向心力和专业产品的影响下，消费者对消费某一企业的产品或服务有着特别的倾向。

比如，小米倡导的"粉丝经济""社群生态"，经营策划的"小米之家""米粉节""小米社区论坛"等，都是从商业向心力角度吸引"顾客资源"，这些人是小米公司和小米产品的忠实拥趸。

现代企业一定要重视和培养像"米粉"一样在消费心理上对企业有特别倾向的顾客人群，这是企业在现代市场竞争中做大社交磁场、放大商业磁场和营造消费磁场的根本所在，否则这些磁场就成了无本之木、无源之水。

在消费社交化时代，一定要放弃过去的"买你东西的人才是你的顾客"的思维，因为在消费心理上对企业没有特别倾向的人，他们的商业向心力价值实际上是比较低的；而有些人即便暂时没有产生消费的行动，但他们在消费心理上倾向于你，那么他们也是你的优质顾客资源，哪怕他们只是认同你的模式，也会通过口碑传播给你带来源源不断的顾客群。商业向心力有"末端爆发"的特征，"用户不是终点，购买不是结束"，讲的就是这个道理，真正的顾客资源不是商业价值的终点，而永远是企业商业向心力的延伸，将为企业的商业生态系统吸引和聚合更多的要素资源。

5. 战略同盟资源（提供商业支持 / 资源共享）

现代商业中不同企业之间的关系正变得越来越紧密，由于商业支持、资源共享、利益均沾等诉求，跨界合作、战略合作、利益同盟等行为越来越普遍，"独行侠"企业越来越少，能够吸引到什么样的合作伙伴资源，越来越依靠企业自身的商业向心力。

战略同盟作为一种特别的要素资源，对企业发展的作用正变得愈发重要，企业能够借此匹配到优质的商业资源，甚至可以达到"合纵""连横"的商战效果。

同样是共享单车，ofo 的战略同盟就不如摩拜，摩拜吸引到了微信、苹果、三星、京东、肯德基等大公司的战略合作和支持，打开微信就可以轻松接入摩拜单车，打开苹果手机或三星手机摄像头也可以直接接入摩拜单车，这种战略合作给摩拜用户带来了很好的消费体验。

6. 政府及社会组织资源（提供政策便利 / 公共咨询）

在现代国家的运行环境中，如非政府组织都是不可忽视的市场影响因素，有商业向心力的企业总会从自身的商业模式、产品等出发，花费精力来游说他们。摩拜的胡玮炜就深谙此道，她在不同的场合都会讲到环保减排、绿色出行、共享经济、中国制造、"互联网 +"等政府和非政府组织关注的议题，她还在很多场合讲如何通过共享单车帮助政府解决城市交通问题。她的理念让她成功成为李克强总理的座上宾，上海市的领导也用在镜头前骑摩拜单车为其站台。

可见，企业的产品或模式符合政府和非政府组织的议题，就会产生一种无形的市场支持，这种支持的力量就源自企业的商业向心力。

7. 媒体及公共宣传资源（提供信息 / 传播服务）

在传统意义上看，媒体及公共宣传资源称不上商业要素资源，与资金、人才、供应商、顾客、战略同盟等与企业运营息息相关的要素资源相比，媒体资源的商业属性较弱。但在社交媒体时代，媒体的商业属性已经越来越明显，苹果公司每一次推出新产品，如果没有大量的新闻媒体头条版面的支持，它的商业竞争力将会大打折扣；阿里巴巴每年的"双十一"活动，如果没有媒体集中、大规模的报道，其年年攀升的以百亿元计的销售额就没有那么容易达成。有些企业能够轻松地获得媒体版面，有些企业却常年不见媒体报道，与媒体建立良好的关系固然重要，但能够适时地给媒体提供有价值的信息更为重要，媒体会根据新闻价值判断哪家企业值得报道。

媒体的宣传资源并不都是凭借广告等版面费用买来的，很多媒体关于企业的报道都是主动的、无偿的，这其中的原因在于，媒体需要如苹果、阿里巴巴这样有商业向心力的公司提供新闻素材，生产高质量、高关注度的新闻产品。

8. 公众及社群资源（提供口碑 / 培育顾客）

公众和社群资源也是全要素竞争的重要商业资源，企业吸引公众和社群关注自身的产品、管理和文化等，都是培养口碑和顾客群的重要基础。一家公司具备较好的群众基础，拥有良好的，它的新产品、市场动作就容易获得成功。

什么样的公司更容易获得公众的关注和好感呢？

一般而言，在商业伦理、企业责任、技术创新等方面表现良好的企业，是实现社会进步重要的推动力量；在社会公共事务中表现活跃，与社会各界人群有良好互动，经常获得媒体正面报道的公司，都容易吸引公众的关注和好感。

与资金、人才、供应商等相比，公众和社群资源是一种无形的商业要素资源，但无形并不等于不存在，这种无形的力量甚至比资金、人才等有形的力量更能影响企业的商业向心力。

二、与优质要素资源为伍：要素资源的"水"论及其特性

现代商业环境中优质的商业要素资源并不隶属于某一个特定的商业生态系统，也不够稳定，企业如果不能有效地吸引这些要素资源，就会丧失商业机会和市场竞争力。优质要素资源本身也有商业向心力，它们往往都是有着惊人社交能量和商业价值的超级 IP。在自媒体平台的竞争中，这一点体现得尤为明显。优秀自媒体人会在今日头条、微博头条、百度百家、大鱼号、一点号、企鹅媒体、知乎等各大平台上注册公众号并定时更新内容，但他们对不同平台投入的精力和资源有显著区别，平台方为了吸引优质自媒体人，会使出浑身解数，比如今日头条甚至不惜重金一口气签约知乎 300 个大 V。

优质商业要素资源的不稳定性与日俱增，如果用中国传统文化中金、木、水、火、土五行来看待商业要素资源发生的变化，在传统商业中的要素资源是高度稳定的，有"土"的特征；而在现代互联网新经济环境下，商业要素资源极度不稳定，有"水"的特性，

具体表现为六种性质。

不稳定性： 资源要素高度不稳定，人才跳槽频繁，资金进出迅速，消费转换迅捷，公众关注点的切换只在转瞬之间……余额宝快速走红的原因就在于，人们的投资资金不稳定，今天存在你这里，明天就可能要提出来用于别处，余额宝恰好适应了人们这种灵活的理财需求。

高流动性： 要素资源高速流动，每一种要素资源都在疯狂地寻找价值洼地与投资利益最大化的组合，它们不满足于稳定的低水平收益。根据全球最大职业社交网站领英的一项调查结果，"千禧一代"（指1982—2000年出生的人）在32岁之前平均会换4次工作，可见当前要素资源高流动的程度。

非此即彼： 由于信息高度发达，一个商业生态系统对优质的要素资源一旦没有了向心力，那么马上就会产生离心力。一家企业在市场上没有了竞争力，人才纷纷流失，新的优秀人才也就不会选择供职这家企业，人才的离心力会导致它越来越没有人才吸引力。

高活跃性： 商业要素像被催化了一样，有非常活跃的特点，各商业要素迸发出前所未有的活力，人的潜力被前所未有地释放出来。过去，大量的社会资金都是沉睡的；现在，资金到处找投资机会，互联网类的民间金融非常发达。

扎堆效应： 一方面，要素资源向风口行业、风口项目和处在风口当中的优秀公司快速扎堆，共享单车、"网约车"等风口均是如此，各种要素资源蜂拥而入；另一方面，要素资源向有商业向心力的企业扎堆，基本上是"旱的旱死，涝的涝死"。

高渗透性： 要素资源无孔不入，向各个有潜在商业机会的领域渗透，如共享单车出现后，各种人才、资金纷纷寻找蕴含共享经济商机的潜在行业，这些行业都在被活跃的要素资源快速渗透。

优质要素资源呈现上述六大特性，是因为互联网时代信息技术的高度发达、智能化水平的提高，人们的决策周期缩短和决策效率得到巨大提升。比如，人们通过计算机掌握的数据信息进行商业建模，很快就会判断出某一商业项目是否有投资价值，一旦确认项目的商业可行性，那么资金、人才、上下游供应商、战略同盟等优质要素资源就会基于此迅速做出介入项目的决策，一旦认为现有项目有投资风险，要素资源就会选择快速地撤出。这其中，资金这一要素资源对商业项目投资价值的预判尤为敏感，甚至企业界把这样的资金形象地称为"聪明的资金"。

三、用生态涵养要素资源：打造内外两大商业生态圈

要素资源在市场的宏观层面快速流动，在企业的微观层面又高度不稳定，企业想要保持持续的要素资源吸引和整合能力，在中观层面涵养自身的要素资源就显得十分必要了。

和商业向心力相关的八种核心要素资源，其实包含了两大商业生态圈：一个是企业的产业链生态圈，包括资金资源、人才资源、上下游合作伙伴资源、顾客资源，它们的优质与否直接关系到企业

内部运营效率的高低；另一个是环境生态圈，包括战略同盟资源、政府及社会组织资源、媒体及公共宣传资源、公众及社群资源，它们的优质与否关系到企业外部营商环境的好坏。

在中观层面涵养要素资源就需要在商业模式上建立健全与内外部要素资源的广泛沟通机制，在中观层面促进形成一个和自身企业关系密切的要素资源库体系。

阿里巴巴建立的淘宝大学、达摩院和湖畔大学，就是生态涵养要素资源的商业机制，这会不断为阿里巴巴自身的商业生态系统培养、输送优秀人才，壮大企业的产业链生态圈，进而提升阿里巴巴对人才资源的商业向心力。

每年一度的百度世界大会，也是百度公司在中观层面涵养要素资源的一种机制安排。作为互联网产业发展和技术潮流的风向标，这个大会帮助百度有效地建立了与众多大客户和合作伙伴的广泛联系，提升了百度产业链各端厂商的增值服务能力，外部优质厂商也通过这个渠道得以充分了解百度的最新技术和创新产品，并抓住商机向百度靠拢，这对提升百度公司对上下游供应商资源的商业向心力很有帮助。

伊利"透明工厂"旅游也是一个涵养要素资源的有益尝试，普通公众、社会团体、消费者和意见领袖通过"透明工厂"旅游，近距离接触高品质牛奶安全生产和质量追溯的全过程，成为伊利产品口碑和群众基础的"纽带"，伊利借此建立了广泛的公众及社群要素资源"朋友圈"，而这广泛的"朋友圈"正是伊利构建自身商业向心力的基础。

四、改变商业竞争思维：推行商业共生、资源共享和市场共赢的"分享经济"模式

当商业要素资源稀缺而稳定时，企业持有要素资源不仅可以进行灵活配置，还能享受增值收益，这是一种"独享经济"模式。比如麦当劳表面上是一家餐饮公司，实际上却是一家地产公司，坊间认为，麦当劳已是世界上最大的房地产商了，它拥有的房地产数量甚至超过了天主教会。商业要素资源泛滥且高速流动时，企业可以很容易在市场中匹配到优质要素资源，这时候企业就要抛弃持有商业要素资源的想法，打破传统的商业竞争思维，以"商业共生、资源共享、市场共赢"的思维吸引和整合要素资源，搭建商业生态系统来分享市场红利，这是一种"分享经济"模式。

链家地产自身可以不涉足房产物业，但这不妨碍它成为最大的房产租赁企业；滴滴可以没有一辆属于自己的汽车，但这不妨碍它成为中国最大的网约车企业；阿里巴巴可以自己不卖一件电商产品，但这不妨碍它成为全球最大的电商公司；今日头条可以没有自己的记者、编辑等内容生产者，但这不妨碍它成为国内最大的信息发布和个性化推荐平台……

新商业时代的商业活动核心，是"吸引优质要素资源"而非"直接拥有要素资源"。享受商业共生、资源共享和市场共赢的商

业向心力红利，已经成为未来商业不可逆转的趋势。

全要素竞争的关键，归根结底是商业竞争思维的转变，放弃那些能够轻松在市场上吸引和整合要素资源的想法，尊重优质商业要素资源自由流动、主动选择、自我增值的商业规律，从以人为本的商业向心力竞争出发，建立"商业共生、资源共享和市场共赢"的商业模式和运行机制，充分激发社会存量要素资源在企业商业生态系统中的自我增值活力，最终从这一过程中分享几何级的市场增长红利。

"分享经济"是中国经济大势所趋，而且势不可挡。习近平总书记在第二届世界互联网大会开幕式上指出，我国将发展"分享经济"，支持基于互联网的各类创新，提高发展质量和效益；李克强总理在 2015 年夏季达沃斯论坛上也指出，"分享经济"是拉动经济增长的新路子。

公关为企业"赋能"：以领导力为核心，系统地打造要素资源吸引力

卓越的领导力是构建现代企业商业向心力的关键。这里所称的领导力并不是指企业管理角度的领导力，而是指公关的一个分支——领导力公关，它和企业的组织架构、人力资源及管理者的愿景管理等都没有直接关系，而是与行业话语权、市场影响力等高度相关。

对于国内企业普遍只将公关作为形象管理手段的做法，我由衷地感到遗憾，原因在于，公关早就已经是一种行之有效的企业管理手段了，在阿里巴巴、京东这样的巨无霸公司，公关对内、外两大商业生态所起到的管理作用，甚至比行政管理手段更为有效。

"阿里巴巴要关注少于 30 人的中小企业，世界会从大规模标准化的生产流程转变为小型和个性化的生产。我相信小就是美、小就是强。"

上述言论是在美国纽约当地时间 2017 年 9 月 20 日举行的彭博全球商业论坛上，马云接受布隆伯格的采访时所说的话。

从马云的话中不难看出，阿里巴巴还将吸纳更多的中小企业加入阿里商业生态系统中，阿里巴巴的版图还将持续扩大，那么，他是怎么管理规模如此庞大的商业帝国的呢？

马云并不如美团王兴一样有强大的"地推部队"，马云相当多的生意都是来自阿里巴巴无与伦比的领导力，用本书开篇关于"行业领导力"的观点就是：

优质资源、优秀人才会向有行业领导力的企业集中，消费市场、口碑、社会信任度会向有行业领导力的企业倾斜，有行业领导力的企业更容易获得商业机会和政策支持，在商业谈判中更容易处于有利位置，媒体主动正面曝光机会更多，合作伙伴对其发展更有信心。

一、领导力公式：打造要素资源吸引力的"黄金法则"

2017 年 6 月，关于重庆共享单车品牌悟空单车的新闻突然间火遍了互联网。6 月 13 日，悟空单车的运营方重庆战国科技有限公司宣布，正式终止对悟空单车提供支持服务，退出共享单车市场。

悟空单车创始人雷厚义在接受采访时透露:"我们拿不到顶级的供应链资源,摩拜、ofo都可以和全球最大的供应链厂商合作,而悟空单车合作的都是小厂商,产品品质不是特别好,车子容易坏。"雷厚义感叹:"创业不要盲目追风口。风口不是追上的,而是等来的,需要在一个行业深耕,机会来的时候才会有所准备。此外,行业最早那几家也是可以做成的,这是先发优势。后来的人没有十倍的兵力、资源就不要进去了,你做不大。头部资源太集中。"

在媒体铺天盖地报道其倒闭之前,悟空单车这一品牌的知名度比起其他竞争产品就已经低了。企业公关传播的失败,拿不到想要的要素资源,是悟空单车失败两大不容忽视的原因。一家从不为自己做公关的企业,怎么可能吸引到资金、供应商、人才等顶级的商业要素资源,又怎么可能有消费者、媒体关注等要素资源向其聚集呢?

企业不做公关,就意味着对要素资源没有领导力,自然也就不会有商业向心力。有效的公关是提升企业领导力的一大必要条件,除此之外,企业的资源禀赋也决定着其领导力的大小。也就是说,资源禀赋和有效公关是打造企业领导力的黄金法则,即领导力 = 资源禀赋 + 有效公关。

企业对外部实施领导力管理的具体手段,是企业利用公关建立四个层面的行业话语权,这四个层面分别是:

第一,行业领先性指标:包括行业影响力、市场规模、品牌价值、产品销量等市场指标,也包括盈利能力、增长水平等财务指标。雪花啤酒喜欢强调自己销量全球第一，就是从行业领先性指标进行领导力公关，对行业和市场施加影响。

第二，高端或专业性指标： 包括产品及品牌在行业处于高端，品质及技术有较高专业度，有专业创新研发能力等内容。方太厨电诉求的"中国高端厨电领导品牌"，格力空调诉求的"掌握核心科技"，都是从专业性层面展开领导力公关。

第三，产业责任指标： 包括产业贡献度、绿色节能环保、社会责任等，都说"能力越大，责任越大"，从公关层面而言，承担的责任越大，也就越容易受到尊敬，比如伊利的"伊利法则""绿色产业链"责任理念就是其试图引导行业良性发展提出的概念。

第四，文化价值观指标： 包括领先业界的公司战略、发展理念，比如青岛啤酒的"品质"文化和历史，阿里巴巴的"诚信"文化和电商生态文化理念，京东的"正品"文化和精品电商理念，谷歌的"不作恶"企业价值观等。

一般来讲，企业对外部是没有行政管理的组织架构和管理权限的，对外部的管理其实是通过对市场施加影响来达成的，也就是通过领导力来达成的。所以，公关层面的领导力是一种非行政的管理力量，是企业基于自身资源禀赋，利用公关手段，对外部要素资源实施的一种影响力。

二、领导力因子：打造要素资源吸引力的"绝对密码"

领导力公关有自己的一套沟通语言，它争夺行业话语权并非通过简单地宣传企业自身有多大多强来完成，而是通过公关，沟通塑造和提升公众对企业的商业韧性（在不确定的市场或危机中引领发展的企业经营能力）、商业创新性（通过产品、组织和商业模式的持续革新创造市场优越性的企业创新能力）、商业包容性（为多种要素资源创造商业机会和实现开放、包容增长的企业文化）等方面竞争优势的良好认知来完成的。

通常来说，企业通过把握四个层面的行业话语权（领先性指标、专业性指标、产业责任指标和文化价值观指标）来打造领导力，都会先从自身资源禀赋和发展实践中提炼在商业韧性、商业创新性、商业包容性等方面具有竞争优势的鲜活例证，进行高效的公关输出来对外部要素资源施加强有力的影响，其结果往往取决于以下几个"领导力因子"的表现：

高曝光度的卓越领导者：表现卓越且受人尊重的企业领导人是商业向心力的重要载体。从管理学的角度讲，领导人被认为是组织内部领导力的核心，从公关管理的角度讲，领导人即便不是领导力的核心，也是一个重要的、不容忽视的领导力因子。公众和媒体眼中企业领导人的商业思想、管理理念、商业实践和文化价值观的优劣，都直接影响企业领导力的强弱。拥有高曝光度领导者的企业更容易获得商业机会。

壁垒性的核心能力： 在高度同质化的现代商业社会，在技术、市场和商业模式等方面具有的壁垒性、独占性的核心能力优势，是企业一项重要的资源禀赋，当优质商业要素资源做出与壁垒性优势企业相反的商业抉择时，就意味着市场成本的增加、运营效率的降低和竞争难度的扩大。

笑傲同侪的专业产品： 专业的产品或服务也是重要的领导力因子，粗糙、劣质的产品或服务会产生离心力，消费者、供应商、媒体都不会支持生产劣质产品或提供粗糙服务的企业，这和消费者偏向低价产品可以牺牲部分消费体验的购买习惯及产品的低端定位无关。基于粗糙产品的性价比或低价策略只会产生马太效应，不会产生领导力。

绝对领先的市场优势： 企业拥有领先的市场优势也会让商业要素资源主动依附。这里的市场优势指的是企业较高的运营效率带来的领先优势，包括市场占有率、盈利能力和商业体量。

众星捧月的商业模式： 众星捧月的商业模式往往会带来超乎寻常的竞争加速度，因此商业模式也是重要的领导力因子。受到《哈佛商业评论》关注的企业更容易成功吸引要素资源，是因为这本杂志已经成为先进管理理念的发源地，它给全世界的商业人士提供了缜密的管理见解和最好的管理实践实例，被《哈佛商业评论》关注的企业一般会被认为在商业模式方面必有可借鉴之处，

强有力的资本同盟关系： 商业向心力是可以传导和叠加的，优质要素资源强强联合产生的效应累加，会对商业生态产生良性的影

响，正因如此，强有力的资本或同盟关系也是重要的商业向心力因子。比如，京东和腾讯的合作就让京东产生了更强的商业向心力，微博和阿里巴巴的同盟也引发华尔街资本对微博商业价值的重估。

引领发展的企业文化：文化是对人最有吸引力的元素之一。企业文化是商业的土壤，不同的企业文化会造就不同的商业生态，阿里巴巴的企业文化造就了电商生态的繁荣，华为文化造就了具备国际视野的竞争力团队，所以独特的企业文化也是重要的领导力因子。

媒体清单中的优先级别：媒体清单中公司的优先级别是一个让很多企业管理者挠头的领导力因子，几乎每家企业都有这样的愿望——在媒体日常报道的清单中永远有它。在互联网、财经媒体方面，永远是"BAT（指百度、阿里巴巴、腾讯三家公司）"这一排列方法，个中原因大家都心知肚明，媒体清单中的优先级是极大影响企业商业向心力的。

三、领导力基因：打造要素资源吸引力的"必杀秘技"

公关打造企业领导力有一点不能被忽视，那就是领导力基因。企业在不同行业的领导力与自身的领导力基因关系密切，并与构建企业的商业生态和提升企业的商业向心力直接相关。那么什么是领导力基因呢？

领导力基因可以理解为企业所具有的且一直赖以成长的某些基

础天赋。例如，腾讯在"社交"方面有领导力基因，阿里巴巴在电商方面有领导力基因，万达在地产方面有领导力基因，华为在通信方面有领导力基因，百度在搜索方面有领导力基因，奇虎公司在互联网安全方面有领导力基因。

领导力基因决定了企业在开拓特定领域的业务时是否有领导力（或要素资源吸引力）。格力和华为选择介入手机硬件领域时，它们的领导力、要素资源吸引力和整合能力就有很大不同，有通信方面领导力基因的华为比格力更容易整合到优质的要素资源，也更容易被消费者接受。腾讯比阿里巴巴更有社交基因，所以微信靠着强大的用户黏性，发展如日中天。

有效的公关可以赋予和提升企业在某些领域的领导力基因。当企业不具备特定领域的领导力基因时，往往会选择与具备相应领导力基因的企业或有影响力的个人结盟，以强化自身在该领域的领导力基因，便于有效吸引和整合该领域的要素资源。王老吉的商标使用权到期后，加多宝集团为强化自身在凉茶行业的领导力基因，将凉茶创始人王泽邦的第五代玄孙王健仪推向前台，为自己的"正宗凉茶"口号站台，王健仪称1992年就已将凉茶正宗配方独家授权给加多宝使用。互联网行业的很多并购整合、人才挖角等行为，也都是出于强化特定领域"领导力基因"的考量，而非仅仅因为实际的商业价值。

着力为企业打造商业磁场：不断激发产业链生态圈的价值创造活力

  商业磁场的建立，依托于企业以自身为中心在产业链上建立商业上的广泛联系，这种联系撇开了单纯的商务关系，是从共同价值观的培养、创新氛围的营造、学习型商业生态的搭建、商业生态系统共同利益的创造与维护、忠实客户群的维系与互动反馈等层面出发，形成的多层次的商业沟通、交流和合作机制的总和。

  商业磁场本质上也是一家企业基于商业属性的社交磁场，它由产业链的各方共同创造商业价值而建立起的一个商业社交圈。商业磁场决定了一家企业可以持续吸引和匹配什么样的产业链要素资源，来协助企业共同创造商业价值。

2014 年 7 月，被"罗粉"寄予厚望的锤子手机 SmartsianT1 的量产遭遇了非常严重的供应链问题，导致预售产品不能如期交货的尴尬。在长达四个多月的时间里，罗永浩都没能解决供货问题："由于产线欠磨合，工人对新机型装配操作不熟练，物料初期供应不稳定，品控标准没有完全统一等复杂因素的制约，量产过程非常痛苦。"

这一定是罗永浩遇到的最刻骨铭心的创业挫折，直到 2017 年 4 月罗永浩在与罗振宇的一次公开长谈中，他还不无嫉妒地说华为的成功不是靠创新，而是靠供应链。而在这次长谈之前，罗永浩已经挖来被誉为"华为荣耀之父"的吴德周出任锤子 CTO（Chief Technology Officer，首席技术官），负责产品研发和供应链管理。

苹果是目前世界上市值最高的科技公司，全球的消费者都对它的产品如痴如狂，但苹果产品的完成并不完全靠苹果公司一己之力，而是苹果产业链集体智慧的结晶。苹果公司只负责设计、技术监控和市场指导，而具体的生产、加工环节及绝大部分的销售都以委托的方式，外包给遍布世界各地的上下游合作伙伴。相比锤子在供应链上的尴尬，苹果的供应链阵容可以用豪华来形容：一项关于苹果 iPhone 手机的产业链价值分布研究显示，其闪存和屏幕是在日本生产，信息处理器和相关零部件是韩国制造，全球定位系统、微电脑、摄像机、Wi-Fi 无线产品等是德国制造，蓝牙、录音零件和 3G 技术产品是美国制造，最终集中在中国组装。

这就是苹果公司强大的商业磁场带来的结果，它聚集了世界上最顶尖的智能硬件产业链上的供应商，苹果产业链就是优质供应链要素资源的代名词，以至于中国 A 股的上市公司一旦打出与苹果相关的概念，股价便会应声大涨。

但你真的以为这就是苹果商业磁场的全部吗？其实，苹果真正让人震撼的商业磁场并不仅仅体现在苹果产品的顶尖供应链资源层面，还体现在苹果公司与产业链要素资源建立的广泛商业联系上（见图 3）。

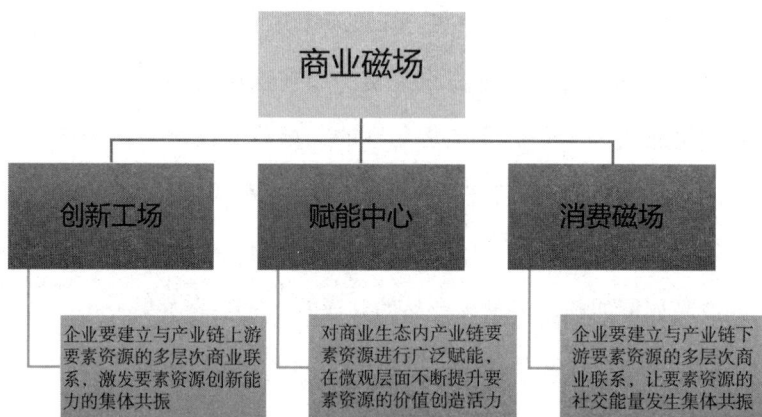

图 3　商业磁场效应解析

一、我最专业：建立与产业链上游要素资源的多层次联系，激发创新能力的集体共振

任何一家企业的产业链生态要素资源，除了企业自身所具有的，都可以分为上游生态的要素资源和下游生态的要素资源，上游

生态的要素资源聚焦的是技术创新和生产协同，下游生态的要素资源聚焦的则是消费扩容和顾客集聚，它们和企业自身的要素资源共同决定了企业的商业磁场。

在产业链的上游生态中，相比于单纯作为供应商提供零部件等的商业往来，企业与产业链上游生态中的商业要素资源建立多层次、广泛的商业联系，是强化企业商业磁场的不二法门，这种商业联系包括但不限于行业论坛交流（阿里巴巴网商大会）、共同成果展示（苹果全球开发者大会）、技术趋势研讨（百度世界大会）、企业年度总结（乐视生态全球年会）和各类奖项评比（京东文学奖）等。

苹果全球开发者大会：苹果全球开发者大会，每年定期由苹果公司在美国举办，大会主要的目的是让苹果公司向研发者展示最新的软件和技术，并建立多层次的商业联系。这场大会除了举办各类技术活动，还颁发 Apple Design Awards 设计奖鼓励业内精英。

阿里巴巴网商大会：阿里巴巴网商大会由阿里巴巴联合中国电子商务协会、杭州市人民政府共同举办，大会由贯穿全年的网商评选和盛大的十大网商颁奖典礼组成。网商群体在网商大会的伴随下经历了从浮现到生存到崛起，再到如今的生态化、社会化的全过程，历年从网商评选中脱颖而出的全球十大网商也成为网商群体中颇具影响力的榜样。该大会曾停办 5 年，并地 2017 年 7 月在杭州重启。

百度世界大会：百度世界大会由百度公司举办，是针对广大客户与合作伙伴的最高级别的行业盛事。作为中国互联网产业发展和技术潮流的风向标，百度世界大会一直受业界瞩目。

乐视生态全球年会：贾跃亭主导乐视期间，乐视生态全球年会是他沟通产业链上各路要素资源的重要场合。

京东文学奖：京东文学奖由京东集团主办，中国新闻出版研究院、豆瓣协办。京东文学奖设置了高额奖金，其中最受关注的2个年度奖项：年度京东文学奖——国内作家作品和年度京东文学奖——国外作家作品，主办方将分别授予获奖者100万元人民币奖金，这也是国内文学奖中最高的奖金额度。

多层次的商业联系看似与正常的商业往来毫无关系，实际上是产业链生态要素资源创新能力的一次集体共振。这种共振从三个方面激发要素资源的活力，分别是鲶鱼效应、生态协同和竞争意识，它们能有效提升商业生态内要素资源的新陈代谢效率，帮助实现生态系统内要素资源的优胜劣汰和优进劣出。

鲶鱼效应：优秀的、创造更多商业价值的要素资源将会在多层次的商业联系中被凸显出来，这也正是企业建立多层次商业联系的一大初衷，而它们将成为商业生态中的鲶鱼，激发更多要素资源释放创新活力。京东文学奖的设立，让优秀的文学作品得以脱颖而出，从而吸引并激励更多的上游作者推出更优秀的文学作品。

生态协同：多层次的商业联系提供了产业协同的机会，参与者通过这些商业联系得以更好地领会企业的战略意图和发展重点，从而提高自身与整体商业生态的匹配能力。百度世界大会很好地起到了百度与供应链伙伴之间就业务及战略沟通的桥梁作用，2016年的百度世界大会就向广大的开发者、创业者及众多供应链伙伴展示了"百度大脑"项目，并开放了核心底层技术，促进了百度人工智能项目的生态协同。

竞争意识：多层次的商业联系还可以激发产业链要素资源的竞争意识，可以让每一种商业要素资源都为推出更好的技术成果、获得更好的业绩表现而拼尽全力。比如2004—2012年的阿里巴巴网商大会每年都推出"全球十大网商名单"，有效激发了网商群体的竞争意识。

与此同时，对于产业链商业生态上游的要素资源，多层次的商业联系还能让它们产生归属感、价值感、方向感、使命感和危机感，让它们成为真正意义上的商业生态系统的一员。

归属感：多层次的商业联系相比纯业务联系来讲，社交色彩更浓，更容易让参与者获得归属感，比如很多开发者都以成为苹果生态系统的一员为豪。

价值感：多层次的商业联系可以提升优质要素资源的价值感，比如能够成为苹果全球开发者大会的座上宾，自己的产品被打上苹果烙印，都是开发者的一种价值体现。

方向感：多层次的商业联系是企业给要素资源提供方向指引的好机会，比如马云在 2017 年阿里巴巴网商大会上重点提及的"五新战略"。

使命感：多层次的商业联系是企业愿景管理的一种外部延伸，可以激发合作伙伴的使命感，比如 2016 乐视生态全球年会，贾跃亭就借机成功给参会者完成了一次"梦想驱动"的使命洗脑。

危机感：多层次的商业联系可以让要素资源重新审视自身的价值，产生危机感，而危机感可以唤醒商业生态内要素资源的竞争意识和创新意识，马云在很多场合都会和合作伙伴讲到危机意识。

通过多层次的商业联系，企业最终要营造一种"我们最专业""我们做得最好""我们还将做得更好"的商业氛围，这种商业氛围是企业的产品或服务持续获得时间成本优势和专业优势的基础条件，它和多层次的商业联系一起构成了企业在产业链上游的商业磁场。企业在产业链上游商业磁场中的目标应是"以专业为本"打造一个围绕企业的创新工场，不断升级企业的产业优势。

总之，商业磁场是建立在企业与丰富的产业链要素资源间的多层次的、广泛的商业联系基础上的，如果企业与现有供应商仅仅有业务联系，而无视它们的商业潜力，无视更广泛供应商要素资源的商业潜力，那么企业的商业生态将是封闭的、沉睡的，而封闭的、沉睡的生态系统是与吸引优质要素资源的商业向心力管理理念背道而驰的。

二、都跟我混：建立与产业链下游要素资源的广泛联系，让社交能量发生"集体共振"

围绕产业链生态建立多层次、广泛的商业联系，在产业链上游表现为激活商业要素资源的创新能力，从而强化企业的商业磁场；在下游则更多地表现为激活要素资源的社交能量，从而放大企业的商业磁场。

在产业链生态下游，企业与要素资源建立多层次、广泛的商业联系，是释放要素资源社交能量、放大企业商业磁场的必由之路，这种商业联系包括但不限于各类特色的购物节（天猫"双十一"）、狂欢节（青岛啤酒节）、品牌日（盱眙龙虾节）、店庆日（京东618）、开放日或透明工厂（华为开放日）、时尚秀（维多利亚的秘密内衣秀）、新产品发布会（苹果发布会）及各类体验营销活动（新世相"丢书大作战"）等。

天猫"双十一"：每年的天猫"双十一"都是百万电商商家社交能量的一次集体释放。天猫通过这一带有"年轻人单身文化"色彩的购物节活动，与电商商家、消费者及媒体等都建立了多层次的广泛联系，聚集了巨大的社交能量和商业向心力。

青岛啤酒节：青岛啤酒节是国内企业节日营销的典范之作。这个以啤酒为媒介，集旅游休闲、文化娱乐、经贸展示于一体的大型节庆活动，不仅让青岛啤酒形成了强大的社交能量和商业磁场，更让青岛这座城市因为啤酒节而享誉世界，并催生了许多商业机会。

盱眙龙虾节：盱眙龙虾能够成为全国知名的地理标志产品，已连续举办十多年的盱眙龙虾节功不可没。通过这一品牌日活动邀请的明星大咖及知名媒体的宣传，盱眙龙虾的社交能量被彻底释放，2017年盱眙县龙虾年交易额已经超过70亿元人民币。

京东618：京东是一家十分注重与消费者建立多层次、广泛商业联系的企业，它自建物流的电商模式体现出它的野心。京东618店庆日的影响正越来越大，已经成为与天猫"双十一"遥相呼应的网购狂欢节。

华为开放日：华为开放日是华为与下游客群资源、媒体资源建立多层次商业联系的一个很好的尝试。相比对上游要素资源的控制能力，华为对下游要素资源的吸引和利用能力并不突出，华为在实现产业链下游社交能量的共振上任重而道远。

维多利亚的秘密内衣秀：每年的12月，全世界都会屏气凝神地等着一场时尚盛宴——维多利亚的秘密内衣秀。作为知名度最高的内衣品牌时尚秀活动，一年一度的维密大秀已经延续了近二十年，每年的维密大秀都会登上各大报纸的头版头条。

苹果发布会：苹果发布会是苹果与消费者、媒体建立广泛商业联系的最重要手段之一。在新品发布会上，苹果总能带来令人惊艳的产品创新和技术展示，这是苹果一贯的沟通方式，它对激活产业链的社交能量非常有效。

新世相丢书大作战："丢书大作战"是一项图书分享活动，源于英国伦敦的公益组织 Books on the Underground。2016 年 11 月，新世相联合黄晓明、徐静蕾、张静初等名人在北上广等城市发起中国版的"丢书大作战"活动，在地铁、航空、公交等位置丢 1 万本书，在随后的一段时间，相关微博话题数超过 2 亿个。

商业的本质就是"交换"，而交换的前提是"社交"，是多层次、广泛的商业联系。企业若想拥有强大的商业磁场，就必须让产业链上各种要素资源的社交能量得以充分共振，这种共振所引发的社交涟漪将向更广泛的商业空间扩散，从而帮助企业快速地吸引更多优质的要素资源。

除了上述几种建立广泛商业联系的方式，企业还有多种与产业链下游要素资源建立多层次商业联系的方式，比如粉丝节、基于用户的公益活动、汽车企业的试乘试驾活动、企业家的演讲等，但不管哪种方式，最有效的始终是能够激发要素资源社交能量的集体共振的方式。

现代企业应该牢记这样一条商业定律：商业永远都不是简单的买卖，用户不是终点，购买不是结束，商业交易行为的发生永远伴随并归因于多层次、广泛的商业联系，商业联系越广泛和紧密，企业的商业磁场就越大，商业机会就越多，企业的商业向心力就越强。

三、为你赋能：在微观层面不断提升产业链要素资源的创造活力

打造强有力的商业磁场，企业除了在宏观上要激活产业链生态圈内要素资源的创新能力和社交能量，促进生态系统的新陈代谢，还要在微观层面为生态内的要素资源广泛赋能，进一步提升要素资源自身的创新水平和社交引力。

罗振宇直接用"赋能"来定位罗辑思维和得到 APP 的商业模式，他希望平台内各个行业的专业精英能够为社会公众广泛地赋能。罗振宇认为他的受众都是罗辑思维商业生态的一分子，通过他们的社交能量，罗辑思维得以广泛地吸纳要素资源。

作为罗辑思维的主导者，相比于"如何为公众赋能"，罗振宇还应该思考的问题，是应该如何为平台内的专业精英们赋能，让他们不断提升自身的赋能水平和社交引力。

淘宝大学和湖畔大学就是马云为阿里巴巴的商业生态赋能的典范之作。

淘宝大学是阿里巴巴旗下的核心教育培训部门，通过淘宝大学，马云不断为天猫、淘宝培养有较高竞争能力的电商商家管理人，在微观层面不断提升商家的价值创造活力及他们的社交水平。淘宝大学在线上提供开店、运营、美工、营销等方面的专业培训，

在线下则提供名师讲座等网商 MBA 专业课程。

相比于淘宝大学，湖畔大学则是更高端的赋能主体，其赋能对象超越了单纯的阿里巴巴生态圈范畴。但本质上，湖畔大学不管为谁赋能，最后都是为阿里巴巴赋能。

其实，为产业链上的要素资源赋能，本质上就是在为自己赋能，只有产业链强大了，商业生态圈才能真正走向强大，这也是阿里巴巴版图不断扩大的秘密之一。

而且，"为要素资源赋能"也是企业与产业链生态圈内的商业要素资源建立多层次、广泛的商业联系的一种有效形式，它一方面可以提升要素资源的价值创造活力，另一方面又可以提升要素资源与企业的商业对接效率，帮助企业与要素资源建立更紧密的商业联系，从而为企业打造更强大的商业磁场。

用心为企业经营"社交磁场"：不断营造
环境生态圈的良好社交引力

经营社交磁场是一个以特定的企业文化价值观为中心，开展社交行动来营造环境生态圈良好的社交引力，进而做大企业"朋友圈"的过程。

没有人喜欢"作恶的公司""血汗工厂"或"仅仅是作为赚钱机器的公司"，与环境生态圈内的商业同盟及伙伴、政府及社会组织、媒体及公共宣传机构、公众及社群等要素资源建立良性的沟通机制和良好的社交关系，赢得他们的支持和良好口碑，是企业能够持续吸引和聚合要素资源的前提。

"我理解的企业家精神，是在商业基础上，想要更多为社会、为人类创造价值，给世界更好的生活。"

这是摩拜创始人胡玮炜的心声。摩拜公司能够在短时间内创造商业奇迹，离不开环境生态圈要素资源的有力支持，这是一套与纯粹的钱和商业完全不同的话语体系。

摩拜的竞争加速度除了自身的商业运作，还来自政府、媒体、公众和商业同盟等环境生态圈要素资源的大力支持与积极投入，这些资源是摩拜取得飞速发展的决定性力量。良好的环境生态圈在很大程度上决定了这家初创公司快速成长的路径。

政府、媒体、公众等都自觉为摩拜做"宣传员"，商业同盟在各种场合为摩拜加油打气，不仅因为摩拜给他们带来了更多收益，还因为它帮助人们解决了"最后一公里"的出行问题，给社会提供了一个"绿色出行"的方案，给经济转型升级的"互联网＋"以更大的想象，给"大众创业"做了一个生动的注脚……而这些，正是政府、媒体、公众和商业同盟等环境生态圈要素资源所关注的议题。

与建立商业磁场不同，经营社交磁场在很多情况下都需要撇开纯粹地赚钱这一商业话题，更多地去关心企业与人、企业与社会的关系。企业要更多地去谈和做"形而上"的事情，谈社会普遍关注的议题，做有社会效应、让公众受益的事情，只有这样才能真正融入环境生态圈的话语体系，真正做大企业的"朋友圈"。

"得道多助，失道寡助"，环境生态圈的四种要素资源是企业这棵大树赖以生存的土壤，它的好坏直接关系到企业的发展是否顺遂，也直接影响产业链生态圈中资金、人才、合作伙伴、顾客等要素资源的走向，以及它们在企业商业生态中的稳定程度。一家企业如果得不到商业同盟、政府、媒体、公众等的关注和支持，或失去这些"朋友圈"的支持力量，各种要素资源就会为了追逐其他商业机会或规避可能的市场风险而产生商业上的离心力。

一、身份认同：社会身份优先于商业身份

不同于与生俱来的商业身份，社交身份（或者说社会身份）是企业后天为自身赋予的第二个身份，这个身份用以解决企业在环境生态圈社交沟通中的角色定位问题。

企业要实现与政府、媒体、公众等群体的有效沟通，首先要解决自身的社交身份问题。社会不是一个纯粹的经济社会，而是集经济、文化、政治等于一体的人情社会，企业不能以纯粹的商业身份进行公众沟通，企业是代表着纯粹的商业身份，还是更具人情味儿的社交身份，决定着政府、媒体、公众与其打交道的方式。

比如，一位商人对一位政治家说引进他的投资一年可以创造10亿美金的GDP（国内生产总值），对此政治家可能会无动于衷；但如果换一种方式说，如可以给当地新增10万个就业岗位，那么政治家可能就会主动上门找商人谈谈了。前者是"在商言商"，后者是"忧国忧民"，商业身份和社交身份的不同，决定了交往方式

的不同。

社交磁场的建立，非常有赖于企业经营好自身的社会身份，如果企业总是"在商言商"的话，那么公众、政府、媒体也就只能"公事公办"了，他们凭什么要帮着你赚钱呢？既然是社交，就必然要有社交身份，企业不能总是以商业身份出现在环境生态圈相关的各种公众场合。

比如，摩拜的商业身份是"单车分时租赁营运商"，而它的社会身份是"环保出行的倡导者""互联网＋的创新典范"。相比于商业身份，摩拜的社会身份更容易获得环境生态圈内公众、媒体、政府和相关商业同盟的认同，从而主动地帮助它做口碑宣传，积极呵护它的商业生态。摩拜商业生态的好坏已经直接影响到整个社会共享经济、环保、互联网＋创新等的发展。

21世纪初，蒙牛、伊利发起的"牛奶运动"之所以能够在国内兴起，并获得政府、媒体和公众层面的支持，原因也在于他们非常重视社会身份的建设。蒙牛发起口号为"每天一斤奶，强壮中国人"的公益活动，积极参与社会公共事务，支持中国载人航天事业；伊利迎合北京奥运会发起强身健体的"有我中国强"奶制品推广活动。这些都是企业利用自身的社会身份赢取广泛社会认同、做大企业"朋友圈"的典型案例。

企业经营自身的社会身份时，需要注意几点：建立企业社会责任沟通机制；践行企业公民积极参与社会公共事务；修炼社会人格，重视企业文化价值观的塑造；规范企业行为，引领商业社会正能量；重视企业领导人的社交沟通作用。

1. 注重社交身份：建立企业社会责任沟通机制

建立了完善的可持续发展制度、明确了自身社会责任的企业，它的各种商业行为会综合考虑社会效益和经济效益，而不只是注重自身的经济效益，这是企业在环境生态圈中进行社交沟通，获得社会身份认同并经营社交磁场的重要基础。

阿里巴巴旗下淘宝网在拓展农村市场时，就非常重视其对农村地区的社会责任，积极投身于农村教育改善事业。2015年9月，马云公益基金会启动首届"乡村教师奖"，评选出100名乡村教师，并为获奖者提供总金额为1000万元的奖金资助和持续三年的专业发展支持。马云这位曾经的老师也成为乡村教师的代言人。马云曾动情地说："中国可以没有阿里巴巴，没有马云，但不能没有乡村教师。"与此同时，新成立的农村淘宝项目还结合精准扶贫等社会关注重点，在县域经济中重点扶持"淘宝村"，上线"兴农扶贫"频道，给予流量倾斜来推广全国800多个贫困县的优质农产品。

淘宝通过这些做法，与广大农村地区的地方政府、公众、媒体及商业同盟等建立了多层次、广泛的联系，让农村淘宝获得了这些环境生态圈要素资源的认可和支持，形成了农村淘宝广泛的社交磁场，也为打造淘宝在农村市场的商业向心力奠定了基础。

企业要切记，不要把商业向心力都简单归因于纯粹的商业行为或模式，或归因于企业产品的竞争力。商业向心力很大一部分来自人情社会中的社交活动，是企业从社会身份出发，开展社会公益行动，获得社会各界的认可，吸引社会各界反过来给予企业更多的商业支持。

值得注意的是，很多企业对"企业社会责任"有误解，认为企业社会责任就是环境保护或者做公益，其实这是片面的。企业社会责任的本质是为了自身和社会的可持续发展开展的平衡社会效益和经济效益的企业行动，不是要大家都回到原始社会，它总的宗旨是为了人。谈社会责任离不开人，不要夸耀说自己减少了多少污染，节约了多少水，而要说自己的社会责任行动给社会带来了哪些好处，给环境生态圈带来了哪些好处。只有对社会有价值的环保和公益才是企业社会责任的根本所在，才会得到社会各界的认同。

2. 学做企业公民：积极参与主流议题和社会公共事务

总有人把企业社会责任和企业公民搞混，或者干脆把两者画等号，其实这是两个完全独立的概念。

企业社会责任是可持续发展的责任，企业的社会责任行为要融入企业的日常活动中，是企业日常活动不可分割的一部分，企业不可能离开日常活动谈企业社会责任、谈可持续发展的问题。企业社会责任是企业经营行为的一种持续改善，这种改善的方向是社会效益和经济效益的平衡。

企业公民的身份代表的是企业积极融入社会主流议题和参与社会公共事务的一种责任，它可以不与企业的日常经营活动发生关系，它的目的不是改善自身的经营行为，而是主动以公民身份，为社会更好地发展而出钱、出力、出计。

在 2008 年汶川地震期间，加多宝的"亿元捐款"，就属于企业公民的责任范畴，这是加多宝集团积极参与社会公共事务的表现，这与改善它自身的日常经营行为没有任何关联；2017 年京东发布"青流计划"，携手宝洁、雀巢、惠氏、农夫山泉、屈臣氏、伊利等九大品牌发起绿色供应链行动，给巨量的包裹包装减负、减轻社会环保压力，这就属于为了社会可持续发展改善自身经营行为的企业社会责任。

践行企业公民责任，积极融入社会主流议题和参与社会公共事务，是企业获取社会身份的重要方式，很多企业都是通过这种方式经营社交磁场，壮大自己的"朋友圈"的。欧莱雅在全球多个国家和地区发起的"欧莱雅携手美发师抗击艾滋病"联盟，就是其主动参与社会公共事务的一种表现，这让它获得当地政府和公众的欢迎，也赢得了媒体的好感。

3. 修炼社会人格：重视企业文化价值观的沟通

企业的社会人格是由企业自身的文化价值观决定的。企业拥有好的社会人格，才有人愿意和其交往，政府一般不愿意给文化价值观有问题的企业背书，因为这会影响政府公信力；媒体也不愿意给文化价值观扭曲的企业做正面报道，因为这会影响媒体的可信度；社会公众就更不愿意与文化价值观有问题的企业打交道，因为这与绝大多数人的社会人格不符。

除了公司名称、品牌名称之外，文化标签是公众记住和了解一家企业的最重要途径。企业标签不一定代表大家刻板印象里的这家企业从一而终都是如此，但它的确是大家对其最直观的印象。一提到"不作恶"大家会立刻想到谷歌，一提到"诚信"会马上想到阿里巴巴，一提到"正品"会马上想到京东。

严格遵循符合社会主流文化价值观的重要性不亚于我们每个人立身处世需要拥有良好的品行。看《封神榜》的人中大多数人喜欢姜子牙，却很少有人喜欢申公豹，是因为姜子牙修德振武、兴周讨逆，是"得道多助"的贤臣榜样；申公豹喜欢搞歪门邪道、暗中算计，而且心胸十分狭窄，这种人最后只会面临"失道寡助"的境遇。

企业如果没有好的社会人格，给人留下到处惹是生非、挑拨离间、坑蒙拐骗、背信弃义、图财害命等坏印象，背上被主流社会排斥的文化标签，成为人人喊打的过街老鼠，那就谈不上经营社交磁场，更毋庸谈商业向心力了。

4. 规范企业行为：始终引领商业社会正能量

从企业的商业身份角度来讲，严格规范企业的行为也有助于企业在环境生态圈中获得身份认同和强化自身的社交磁场。

有商业向心力的企业，往往始终代表和引领着商业社会的正能量，恪守商业伦理、牢记基本责任和秉持商业良心。百度因为没有规范好自身的经营行为，2016年内集中出现了"血友吧事件""魏则西事件""深夜推广赌博网站事件""百度云盘涉黄事件""百度黑外卖事件"等影响广泛的恶性商业事件，直接导致公众、政府、媒体乃至商业同盟对其口诛笔伐，给百度的社交磁场造成沉重打击，其自身的商业向心力也受到严重打击和制约。

5. 重视领导人的社交沟通：突出积极向上的社会引导作用

企业领导人往往是企业对外沟通的一个窗口，他们的社交活动能否赢得身份认同，影响着企业的社交磁场。很多企业都是通过领导人的各种社交活动来为企业赢得公众、政府、媒体和商业同盟的关注和支持。

马云、柳传志、刘强东、雷军、周鸿祎、潘石屹、王健林、王石、刘永好等商业大佬的知名度一点都不亚于他们的公司，公众对他们的评价也直接影响对他们所在公司的评价。这些人经常以诸如创业导师、青年导师、公益先锋等的形象出现在公众面前，成为引导社会积极向上的正能量的代表，他们的行为其实都是在为企业积攒社交引力。

二、沟通通路：社会化沟通优先于大众传播

在过去，企业与政府、媒体、公众和商业同盟等环境生态圈建立多层次、广泛的商业联系，其沟通通路主要是大众传播，那时

所谓的社交沟通通常表现为一种单向的信息传递。而在社交网络时代，持续的社会化沟通所带来的社交引力，已经超越了大众传播对企业社交引力的贡献。这也意味着，企业打造社交磁场，要充分利用好社交网络和社交媒体，改变过去以大众传播媒介为介质进行单向信息传递的习惯，让企业也成为信息传播的主角，成为社会化沟通的活跃分子。

社交网络的出现，让我们的社交磁场被彻底打开，人际关系实现了第一次大规模的重新排列组合，每个人都有机会拥有数以万计的社交圈。这时候，企业或个人在社交网络中的影响力，将直接影响他们社交磁场的强弱和社交引力的大小。同样是作为企业家，小米创始人雷军的社交磁场就比伊利董事长潘刚的社交磁场要大；同样是演艺明星，鹿晗的社交磁场就比游本昌的社交磁场要大。但这样的差距并不归因于专业上的差别，并不表明雷军的能力超过潘刚，或鹿晗的实力超过游本昌，只是因为两组对比中的前者比后者在社交媒体上更活跃。现在年事已高的游本昌也开始尝试"网红"路线，我想他是受到了社交网络的一些启发。

在社交网络中表现活跃的演艺明星，他们的影视作品通常更有票房号召力，他们的电视剧通常有更好的收视率，这也是他们的社交磁场给他们带来的一种商业向心力。同样的道理，在社交网络中表现越活跃的企业，它们的社交磁场也越大，它们的商业机会也越多，这会给它们带来商业向心力。

2013年4月29日，阿里巴巴以5.86亿美元收购了新浪微博

18% 的股权，并与其在用户账户互通、数据交换、网络营销等领域进行深入合作，这是阿里巴巴强化自身"社交磁场"的重要动作。在社交网络时代，谁掌握了社交媒体的主动权，谁就可以拥有更大的社交磁场。卫龙辣条能够逆袭就是因为其在社交网络中的表现，其贴近"90 后"生活的社会化沟通，让很多年轻人成为一袋小小辣条的忠实粉丝；杜蕾斯这一本身不太容易进入公众视野的品牌能够走红也是因为社交网络；小米手机能够站上智能手机的"风口"也是因为在社交网络中表现活跃，其"为发烧而生"的口号催生了一大批忠诚的"米粉"；单霁翔担任故宫博物院院长后，一改故宫过去高高在上的高冷风格，深入社交网络与用户亲密互动，卖萌的皇帝、故宫猫、故宫淘宝等形象都成为现象级的故宫 IP，让故宫成为众多旅游品牌中最耀眼的"网红"。

三、沟通语境：情绪沟通优先于内容沟通

任何社交，一定都会有一个"情绪场"的存在，处理好情绪是有效沟通的前提，企业与环境生态圈各个群体的社交沟通也不例外。

企业要在社交网络、社交媒体等平台营造社交磁场，在沟通语境上应始终遵循社会化沟通的三条基本原则：平等沟通（无歧视的沟通）、坦诚沟通（无欺骗或套路的沟通）和善意沟通（建设性的、无抵触的沟通）。

四、沟通范式：行为沟通优先于语言沟通

企业的社会化沟通有三种范式，分别是行为沟通、意识沟通和语言沟通。行为沟通是最重要的公关沟通方式，其次是意识层面的沟通，最后是语言层次的沟通。比"企业怎么说"更重要的社会化沟通是"企业怎么做"。

公众对阿里巴巴"诚信"文化的认知，并不是因为阿里巴巴不厌其烦地向公众说自己如何讲诚信，而是通过对"欺诈门事件马云斩卫哲""月饼门事件辞退员工"等几个典型的对突发事件的处理，让公众知道诚信就是阿里巴巴最重要的企业文化之一。

也就是说，企业和环境生态圈的沟通要体现在行动而不是语言上。这和我们每个人日常的社交是一样的，我们如果想赢得别人的信任和支持，光能说会道显然是不够的，圈子里的人是通过我们的日常行为而不是通过我们的言辞来判断我们是否值得交往。

关于企业经营社交磁场和打造商业磁场，可能有人会问，它们之间有严格的界限吗，需要分开来做吗？答案是否定的。企业与要素资源建立多层次的商业联系，经营社交磁场和打造商业磁场，并不一定需要通过两套系统来做，企业做的很多事情都有双重作用。

罗振宇的年度演讲不仅仅是一次演讲，还是一次商业向心力试验，借由这样一次精心组织的公开演讲，罗辑思维和得到 APP 的商业磁场和社交磁场得到了一次彻底释放。为数众多的商业伙伴和数量庞大的环境生态朋友圈人群，通过这样的演讲在罗振宇的商业

版图上得以聚集。

　　你很难把罗振宇的年度演讲对商业磁场和社交磁场的贡献严格区分开来，企业很多面向产业链生态圈和环境生态圈要素资源建立广泛联系的制度安排，都有类似的强化社交磁场和商业磁场的双重作用。

搭建商业向心力孵化中心：为优质要素资源的引入和创新增值进行制度安排、精准赋能，提供便利条件

商业生态系统内的价值创造同样遵循"二八原则"，即生态系统内仅占20%数量的优质要素资源决定了商业生态系统80%的价值创造，这也意味着，能否有效引入或孵化优质要素资源是企业打造商业向心力的关键所在。

通常而言，企业提升优质要素资源的活力有三种手段，分别是宏观层面制订激发优质要素资源价值创造活力的制度安排、微观层面为优质要素资源进行精准赋能及中观层面为优质要素资源的创新增值提供便利条件，我们把三种提升优质要素资源活力的手段统称为商业向心力的孵化。

"这是一个'二八原则'格外显著的市场，只有行业第一才会获得关注，并获得极高的边际收益，实现赢者通吃。而做不到第一的企业，其前期投入的高额研发成本则很可能沦为沉没成本。"商汤科技联合创始人徐冰如是说。

他的话有些绝对，任何市场都不可能被行业第一通吃，但"二八原则"的确是客观存在的，各领域处于市场头部的少数商业主体普遍能占据的市场份额要明显多于其他商业主体，即便在商业生态系统内部，排名靠前的优质要素资源对整体商业生态的贡献也要远超其余要素资源。这也意味着，企业需要特别注意激发生态系统内仅占20%的优质要素资源的价值创造活力。

由于"二八原则"的存在，企业在商业生态系统内搭建商业向心力孵化中心就显得非常重要了，它可以促进引入并有效激活商业生态系统内20%优质要素资源的价值创造活力。

我们可以从商业生态系统的技术核心层、价值创造层和环境友好层等三个层面进行商业向心力的具体孵化，而在不同层面所要孵化的内容和目的是截然不同的。

技术核心层：技术核心层可以看作整个商业生态系统的动力引擎，是商业生态内最核心的研发和创新力量。在核心层的商业向心力孵化，表现为利用优质要素资源升级商业生态系统的技术水平，或革新商业模式，目的是依靠商业生态系统持续的专业优势来提升领导力。

价值创造层：价值创造层可以看作整个商业生态从生产到消费

的联动系统，是让市场有序运行的有机体。价值创造层商业向心力的孵化，表现为重点培养和发掘有"鲶鱼"性质的优质要素资源，目的是在生态系统中培养商业标杆，通过它们的示范效应和鲶鱼效应来强化生态系统的商业磁场。

环境友好层：环境友好层则可以看作与生产和消费息息相关的环境系统，为企业发展提供最好的营商环境。在环境友好层的商业向心力孵化，表现为孵化来自政府、非政府组织、商业同盟、媒体和社群等方面的优质资源，目的是聚集和开发其中的"意见领袖"资源来提升商业生态的社交引力。

一、技术核心层商业向心力孵化：打造"专业优势"

一个没有技术核心层的商业生态注定是不会长久的，自 2010 年开始，各国崛起的商界新贵往往都是技术驱动型公司，这些公司对商业要素资源进行了前所未有的大规模重新排列组合，也只有这些新兴公司才具备超越地理和空间边界、超越时间和算法的限制，快速有效地整合海量繁杂的商业要素资源的能力。

未来，这样的趋势还将延续，而且会越来越明显，没有专业优势，没有技术核心层的公司或商业生态，势必陷入无法吸引和整合商业要素资源的窘境。

2017 年，在阿里巴巴杭州·云栖峰会上，马云向世界宣布了一个惊人的决定：三年投资 1000 亿元人民币，成立"NASA 计划"

的实体组织——达摩院，用于新技术的研发。

达摩院首批公布的研究领域包括量子计算、机器学习、基础算法、网络安全、视觉计算、自然语言处理、人机自然交互、芯片技术、传感器技术、嵌入式系统等，并涵盖机器智能、智联网、金融科技等多个产业领域。达摩院将成为继云计算、大数据之后，阿里巴巴发展新方向的强大技术引擎。

从马云给达摩院的定位来看，达摩院势必成为阿里巴巴未来突破自身发展瓶颈的强大技术引擎。值得注意的是，马云没有闭门造车自己搞研发，而是在全球吸纳和整合最优秀的科研人才和力量。在达摩院建立之初，马云就邀请到了全球 13 位顶尖科学家参与，首批公布的达摩院学术咨询委员会名单里有 3 位中国两院院士、5 位美国科学院院士，包括世界人工智能泰斗迈克尔·欧文·乔丹、分布式计算大家李凯、人类基因组计划负责人乔治·丘奇等。

达摩院目前已经在全球多点设立科研机构，包括亚洲达摩院、美洲达摩院、欧洲达摩院，在北京、杭州、圣马特奥、贝尔维尤都有达摩院的办公地点。这意味着，达摩院将成为阿里巴巴商业生态系统中，一个在全球拥有商业向心力的技术核心层孵化中心。

衡量一个商业生态系统是否有足够商业向心力的重要指标就是它的技术核心层是否有商业向心力，是否能够为商业生态系统的内生增长持续孵化核心技术，是否能为企业持续积累和引领专业优势，以持续优化和提升商业生态系统的运行效率。

从提升技术核心层优质要素资源活力的角度来讲，达摩院可以看作阿里巴巴在为技术创新提供便利条件，帮助阿里巴巴商业生态系统持续引入优质的技术研发人才这一要素资源和持续孵化创新技术。

除了这种方式之外，企业还可以通过制度安排、精准赋能等方式来进行技术核心层商业向心力的孵化。比如，格力就在企业内部设立科技进步奖来激励技术创新；微软则成立微软加速器来对要素资源进行精准赋能，推动微软商业生态的技术创新（见表1）。

表1 科技平台技术核心层的商业向心力孵化

商业生态	技术核心层的商业向心力孵化	商业向心力孵化方式	孵化目的
格力	科技进步奖	制订激发优质要素资源价值创造活力的制度安排	激发格力商业生态的技术创新活力
阿里巴巴	达摩院	为优质要素资源引入和创新增值提供便利	为阿里巴巴技术创新研发提供便利
微软	微软加速器	为优质要素资源进行精准赋能	提升生态内部创业团队的技术能力和底蕴

二、价值创造层商业向心力孵化：培养"商业标杆"

不同于技术核心层要素资源打造专业优势，价值创造层要素资源主要是促使商业生态内的生产和消费进行高效对接，具体表现为努力创造可见的商业收益。这也意味着，价值创造层商业向心力的孵化有鲜明的商业收益导向，就是促进整体商业生态完成尽可能多的成交量。

斗鱼平台每年都有"年度鱼乐盛典"，让数以万计的主播进行实力PK，经过分区入围赛、淘汰赛、全站争霸赛，再到年度总决赛的多轮对决，最后评选出年度最佳分区主播和年度优秀分区主播，并邀请其参加鱼乐盛典晚会。

没错，刺激成交的最好办法就是像斗鱼一样，激发平台内那20%优质要素资源的活力，把他们培养和打造为成功的商业标杆，让他们成为活跃的鲶鱼并发挥示范效应，从而带动更多的要素资源释放活力。

对于斗鱼平台来说，"鱼乐盛典"是一个很好的价值创造层商业向心力孵化的制度安排，它激励着平台内的主播们更积极主动地为平台达成更多交易，让平台的生产和消费行为得以更高效地对接。同时，"鱼乐盛典"的包装和推广，也让平台内的主播们拥有更大的商业向心力，反向带动平台的人气和成交。

价值创造层的商业向心力孵化，就是通过制度安排、提供便利和精准赋能等手段，为商业生态培养和打造更有竞争活力的商业标杆。除了"鱼乐盛典"外，今日头条的"金秒奖"、百度百家号平台的"写作大脑"辅助创作、阿里巴巴淘宝大学定向培养优秀电商经理人，也都是商业生态系统价值创造层商业向心力孵化的良好实践（见表2）。

表2　内容平台价值创造层的商业向心力孵化

商业生态	价值创造层的商业向心力孵化	商业向心力孵化方式	孵化目的
今日头条	金秒奖	制订激发优质要素资源价值创造活力的制度安排	激励优质的内容产品的生产
百度百家号	写作大脑	为优质要素资源引入和创新增值提供便利	促进用户进行优质内容产品的产出
阿里巴巴	淘宝大学	为优质要素资源进行精准赋能	培养优秀的电商经理人

三、环境友好层商业向心力孵化：聚集意见领袖

尽管并不会给企业带来直接的利益，但商业生态系统的环境友好层的要素资源是否优质和丰富，决定着企业能否赢得良好营商环境，维护自身发展权益，在市场中释放竞争加速度。

企业愿意投入精力获得来自公众、媒体、政府及非政府组织、其他商业同盟的广泛支持，是企业发展成熟和有战略眼光的一种表现。在现代商业竞争中，你很难看到哪家企业能够在没有公众、媒体、政府及非政府组织、其他商业同盟等广泛支持的情况下，还能保持良好发展态势的，因为这有悖要素资源快速流动、极度活跃和不断重排的客观规律。在要素资源高速流动的背景下，越是环境友好的企业，要素资源就会越发向其聚集。

环境友好层商业向心力的孵化，就是要聚焦环境生态圈内那20%最有价值的意见领袖资源，让他们成为放大、维系企业社交磁场的核心要素资源，通过他们的作用强化企业在环境生态圈内良好的社交引力。

快速崛起的新锐化妆品品牌植物医生，就充分利用了中科院昆明植物研究所这一意见领袖资源的纽带作用，来维系与公众、媒体、政府及非政府组织、其他商业同盟等的良好信任关系，赢得他们的广泛支持，以此来向社会传递高山植物护肤、高山植物保护、高山植物资源开发、高山植物科技创新等理念，营造良好的外部营商环境。

中科院昆明植物研究所与植物医生之间，就是一种精准赋能的关系，中科院昆明植物研究所在高山植物知识科普、技术研究、品牌背书等角度给植物医生精准赋能，帮助植物医生的商业生态快速释放竞争加速度，打开了财富之门。

植物医生选择与中科院昆明植物研究所合作是一个经典的环境友好层商业向心力孵化案例。总之，与技术核心层和价值创造层商业向心力孵化一样，环境友好层商业向心力的孵化，同样也可以通过制度安排、提供便利和精准赋能三种手段来实现。

比如，在制度安排方面，企业可以充分发挥公关智库资源的作用，利用他们作为意见领袖的作用维护与公众、媒体、政府及非政府组织、其他商业同盟的良好关系。伊利的公关部门就非常重视公关智库的建设，对此，我在《金牌公关人》这本书中专门有一个章节阐述企业如何打造"公关智库"。此外，腾讯99公益日与优质的非政府组织资源高度捆绑，为非政府组织提供便利，这也非常有益于腾讯为自身聚集意见领袖资源（见表3）。

表3　品牌平台环境友好层的商业向心力孵化

商业生态	环境友好层的商业向心力孵化	商业向心力孵化方式	孵化目的
伊利	公关智库	制订激发优质要素资源价值创造活力的制度安排	积累意见领袖资源和提升生态的社交引力
腾讯	99公益日	为优质要素资源引入和创新增值提供便利	和优质的非政府组织资源实现高度捆绑
植物医生	与中科院昆明植物研究所合作	为优质要素资源进行精准赋能	利用科研院所的意见领袖力量传递护肤理念，营造良好的外部营商环境

不断迭代和升级产品或服务：始终致力于打造极致的产品或全新的服务体验，拓展使用场景打造"消费黑洞"

有商业向心力特质的企业的一个重要特征，是它们会不断地迭代升级自身的产品或服务，将其打造成一个有绝对竞争力的商业 IP，基于此 IP 来聚集要素资源、拓展更多的商业领域和开发更大的市场，而不满足于单调固化的要素资源排列组合。

产品或服务的不断迭代升级，是企业打开商业向心力之门的一把密钥，它的作用有三：一是产品或服务的迭代升级可以让企业始终保持自身的专业优势和领导力，巩固商业生态系统的商业磁场；二是产品或服务的迭代升级可以让企业始终保持对优质要素资源的吸引和整合能力，以便进一步孵化商业生态系统的

商业向心力；三是产品或服务的迭代升级可以实现对
商业生态系统内要素资源的优胜劣汰、优进劣出，从
而提升商业生态系统的新陈代谢。

一、商业向心力模式就是打怪升级模式

很多人可能会认为商业向心力模式是一个高起点的商业模式。
但实际上，商业向心力模式更像是一个低起点介入→不断迭代升
级→更多要素资源引入→几何级增长→制造黑洞效应的过程，不需
要企业一开始就投入或引进很多的要素资源，它的这种发展特点非
常类似于网络游戏的"打怪升级"模式。

2005 年 6 月，暴雪娱乐出品的 3D 网络游戏《魔兽世界》正式
登陆中国市场，很快在中国玩家中掀起了一波热潮。截至 2008 年
底，全球的魔兽世界付费用户就超过了 1150 万人，而到了 2014 年
1 月，全世界创建的魔兽世界账号总数超过 1 亿个，人物角色数量
达到 5 亿个。在《魔兽世界》这款游戏的设定中，玩家选择的每个
英雄角色都是菜鸟出身，一开始他们就连艾泽拉斯大陆上遍布的野
外小怪都打不过，更甭提刷副本打大 BOSS 了，联盟或部落的英雄
们需要不断地打怪来升级技能和强化装备，而且升级到一定级别之
后，打小怪就不能增加经验值了，英雄们需要不断挑战更高级别的
BOSS 来增加经验值。这款游戏生动阐释了"没有一个英雄是天生
伟大"的道理。在这款游戏里，没有一个英雄可以逃避"低起点介

入，强化技能、刷新自我、挑战更高"的打怪升级之路。事实上，这不只是《魔兽世界》这一款游戏的套路，更是很多经典网络游戏的默认套路。

2003 年，支付宝诞生时，还只是淘宝网一个不起眼的担保支付通道，用来解决横亘在网购用户和网上卖家间的信任鸿沟问题，弥补网上交易无法做到"一手交钱，一手交货"的短板，以便更好地促成网上交易。经过十多年的"打怪升级"，这个曾经的"小不点"已经发展成为互联网行业的"超级英雄"，蚂蚁金服基于支付宝开发的余额宝、芝麻信用、网商银行、蚂蚁借呗、花呗、娱乐宝等产品和业务遍地开花。

一家有商业向心力的公司的前景，不在于它的起点有多高，而在于它是否能够持续迭代和升级自我，一旦其具备了更多"打怪升级"的技能，就会产生持续的要素资源吸引和整合能力，并最终发展成为未来商业版图中的"超级英雄"。

我们再看另一家互联网公司京东。从跟当当拼品类运营，到跟苏宁拼供应链，再到跟天猫拼物流服务，它在发展过程中不断升级自己，当 2012 年很多电商在大打"价格战"的时候，它忙着自建物流体系，升级电商配送服务。直到现在，京东还依然在优化自身的电商模式，搭建智慧化的物流体系，零起步的京东物流本身也在一路打怪升级中成为"超级英雄"，刘强东还给独立分拆的京东物流定下了五年千亿元的目标。

猫眼电影最初只是美团电影团购推出的一个在线选座工具，是美团电影团购的一个附属产品，但经过不断迭代和升级，越来越多的用户开始离不开它，越来越多的院线离不开它，越来越多的片方离不开它，大量的商业要素资源向其聚集。现在这款 APP 应用已经是估值超过百亿元的在线电影影评分享和购票平台。未来，随着这款 APP 应用的迭代和升级，还将会诞生出更多的商业可能。

由此可见，有商业向心力的企业对商业要素资源的吸引和整合，不是一蹴而就的，更不是一劳永逸的，而是伴随着产品或业务的迭代升级，要素资源持续地、稳步地、长期地流入，当企业有了这些商业要素资源的流量红利之后，就可以整合要素资源来拓展更多的商业领域。

被誉为"杂交水稻之父"的袁隆平能够成为一个有商业向心力的科学家，吸引很多的投资资本、地方政府、农业企业、科研机构等要素资源找他合作，原因就在于袁隆平本人就是一个推动产品迭代升级的鲜活范本，他并不满足于亩产千斤的杂交水稻，而是在杂交水稻这条产品线上不断迭代升级新的产品，超级稻、巨人稻、海水稻、去镉稻等新型品种不断横空出世，这种"打怪升级"的杂交水稻开发模式，才是袁隆平个人商业向心力的真正源泉。

二、低起点介入：不要贪大求全，专注于解决一个问题

刘强东在哈佛中国论坛上的一次演讲中说："只要你能够解决一个问题，那么你的项目就一定会成功。"这句话很符合低起点介

入的商业理念，当你开始做一个商业项目，不需要贪大求全，只需要项目本身能够解决一个问题即可，接下来就是不断地迭代升级，把这件事情做到极致，做到没有人能够超越你，这个过程中各种敏锐的要素资源会源源不断地向你涌来，因为这是一个要素资源高度活跃、快速流动、主动增值的新商业时代。

低起点介入的好处在于，它可以很清楚地测试出商业项目本身是否具备要素资源吸引力，而不是由公关宣传所带来的要素资源吸引力，以防企业投入大量的资源进入一个压根就没有商业向心力潜质的项目。我们可以把低起点介入称为一次商业向心力测试，只要是好的、有吸引力的项目，随着商业项目的迭代、升级，就会有源源不断的要素资源被主动吸引进入这一项目，那么这时候，企业就可以通过公关宣传等进行大规模的要素资源引入，并在大量要素资源的作用下进入几何级的增长轨道，这是因为项目本身已经被验证有商业向心力了。

对于一个商业项目来讲，商业向心力测试是十分必要的，过度的公关宣传会带来商业向心力假象。借由公关宣传，一些商业项目也能为自己带来商业磁场和社交磁场，并对要素资源产生吸引力，但很多情况下这是一种商业向心力假象，可能商业项目本身并不具备要素资源吸引力。

罗马不是一天建成的，做企业最怕的就是不带任何专业优势便进入一个全新的领域，在这个领域里又不遵循打怪升级的模式，贪大求全、好大喜功。真正的商业向心力模式一定是低起点介入，比如微信最初只是一个内部创业项目，做的时候组内人员非常低调，这款产品解决的问题也很单一，就是替代短信，可以发语音信息这么简单；通过不断的迭代升级，不断有用户进来，才证明微信项目是可以投入更多要素资源的，后来的公众号、小程序、微信支付等功能也借此形成"黑洞效应"。

三、不断迭代升级：小步快跑，追求全新的产品或服务体验

要素资源"高度活跃、快速流动、自我增值"带来的直接结果，就是所有止步不前的商业形态都将被淘汰，要素资源的重新排列组合会催生更完美的产品或服务体验，取代原有的低效商业业态，这是商业向心力时代的典型特征。

不仅仅是企业，人也是如此，你不对自己进行技术升级，就会有人替代你，未来甚至会有机器替代你的工作。所以我们自己也要不断迭代升级，成为拥有更高智慧和本领的生物，每一个人、每一家想长久生存的企业都要跟上这个商业向心力时代的步伐。一个低起点介入的项目，要不断地进行迭代升级，成为有绝对竞争优势和完美体验的产品或服务，在这一过程中，"嗅觉灵敏"的要素资源就会伴随迭代升级的脚步不断涌入。迭代升级的过程，就是见证一个商业项目商业向心力形成的过程。

很多共享单车企业羡慕摩拜，认为它先发制人，有了头部优势，所以各种要素资源都向其聚集，但真的是头部优势在决定共享

单车的竞争格局吗？摩拜从刚进入共享单车领域，就走了一条低起点介入、不断迭代升级的培养商业向心力的路线：摩拜单车的产品体验是所有共享单车企业里最好的，它每隔一段时间就会推出迭代升级版的单车产品，力争将产品体验做到极致，胡玮炜更是宣称摩拜单车对标的是苹果公司。这就可以理解为什么人们都爱骑摩拜单车而不是其他共享单车，为什么各种商业要素资源都涌入摩拜了。

四、要素资源引入：为商业向心力项目引入要素资源，打开几何级增长空间

完成了商业项目的商业向心力测试，证实该项目有商业向心力发展的可行性后，企业要敢于将要素资源大规模引入商业生态中，让所有的要素资源共同推动项目发展，这时候是打开几何级增长空间的最佳契机。

这一时期，公关的作用将无可替代，企业要用公关赋能商业来撬动和吸引市场中的各种要素资源，包括但不限于用公关打造商业项目的领导力，塑造商业磁场并打开社交磁场，进行技术核心层、价值创造层和环境友好层商业向心力的必要孵化。

可以说，对商业向心力可行性项目进行要素资源的引入，是最考验企业公关能力的阶段，它决定了企业能否真正地打开市场空间。此时大规模引入要素资源，一方面是为了打开几何级的市场空

间，另一方面是借助新引入的优质要素资源继续迭代和升级产品或服务。

摩拜单车在引入要素资源、打开几何级增长空间时，公关的作用就非常明显，很多人都指出"摩拜做公关，ofo 打广告"。显然，单纯的广告在打造领导力、激活社交磁场和商业磁场的作用上明显不如公关，广告这一形式本身也不符合社交网络时代的公众沟通特点。

从市场的角度来说，广告是"推"的力量，但要素资源的引入其实需要的是"拉"的力量，需要要素资源在商业向心力的作用下自愿、主动地进入商业生态中来，从这个角度来讲，商业向心力项目的成功实施，公关的角色不可或缺。

五、制造"黑洞效应"：丰富和拓展产品的使用场景，形成"消费黑洞"

在第一章中我们提到，拥有商业向心力的企业的一个重要特征，就是制造"消费黑洞"。消费者逃离不了被商业向心力企业"捕获"的命运，他们要么被有商业向心力的企业不断迭代升级的产品深深吸引，要么沿着由商业向心力所构建的跨界共享、战略合作或利益同盟等商业路径，被引导与有商业向心力的企业产生黏性。这就是一种海纳百川式的消费路径，无论是否出于自愿，消费者的消费选择都将向有商业向心力的企业集中，商业向心力始终是

"消费者主权时代"消费者做出购买决策的隐秘依据。

具体来说，有商业向心力的企业"捕获"消费者的一个重要手段，就是基于不断迭代升级的产品或服务 IP 所构建的多元化使用场景。

当一款产品或服务通过技术迭代、要素资源引入打开几何级的增长空间之后，就需要不断丰富它的使用场景。这时候，商业向心力的主要作用是通过拓展场景体验引导消费路径向迭代升级的产品聚集，从而打造基于产品或服务 IP 的"消费黑洞"效应。

也就是说，使用场景是有商业向心力的企业制造"消费黑洞效应"的关键纽带。微信经过迭代升级、资源的引入打开其几何级增长空间之后，就开始丰富使用场景，陆续推出了朋友圈、公众号、微信红包、微信支付、微信购物、微信游戏等多种基于微信产品的使用场景。同时，微信还通过跨界共享、战略合作和利益同盟等关系进一步拓展使用场景，所有的这些使用场景都最终让微信形成了一种"黑洞效应"。通过这一系列的使用场景拓展，微信轻松地锁定了海量消费者的消费路径和消费选择。

吴声在《场景革命》一书中指出，现在及未来商业的胜负取决于打动人心的场景，场景替代了产品成为企业与消费者新的链接。这意味着，产品或服务 IP 的迭代升级是商业向心力的内核，纽带则是基于场景与消费者或公众建立的链接。

苹果、滴滴、摩拜、支付宝、今日头条、微信、阿里云、百度这些有商业向心力的公司，无一不是基于不断迭代升级的核心产品

IP拓展使用场景而走向成功的。同时，使用场景还会成为新的商业向心力因子，为企业吸引更多的要素资源，比如微信红包、微信购物都成为非常有要素资源吸引力的使用场景，让使用场景也成为商业向心力本身（见图4）。

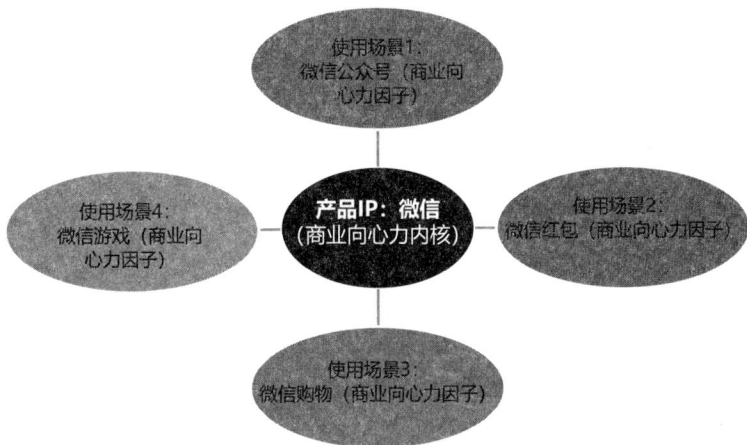

图 4　微信的商业向心力因子

核心产品IP的迭代升级，让使用场景有了消费体验的魅力，从而实现了对其他使用场景的替代。核心产品IP的迭代升级赋予了使用场景吸引各种要素资源的能力，让这种使用场景胜出。

下面举两个简单的场景案例，来看为什么微信的使用场景更有商业向心力，为什么会替代其他的使用场景。

场景1：过去去街边店铺里买东西，我们都是面对面交易，支付没有凭据，还有假钞的风险，大额支付还需要携带大笔现金，有些交易还需要去银行转账。

场景2：现在我们去街边店铺里买东西，使用微信支付，交易有凭据，没有假钞风险，不必随身携带现金，更省了去银行存取的麻烦。

很显然，场景2因为体验更好而必然会替代场景1，而场景2的发生正是因为微信不断地进行技术迭代升级，或者说，不断进行技术迭代升级的核心产品IP——微信，赋予了场景2以消费体验上的魅力，从而让场景2成为微信的商业向心力因子。

"消费黑洞效应"的发生，是因为不断升级的核心产品IP赋予了使用场景以商业向心力，消费者沿着这些基于核心产品IP构建的多元使用场景向企业不断聚集，并最终实现了海纳百川式的消费路径。

第三章

商业向心力模型及案例：
见证生态系统的力量

引言：商业向心力竞争的现实意义

　　本章将通过对商业向心力典型案例及竞争模型的剖析，全景式地呈现商业向心力这种竞争模式给现代商业带来的三大全新理念：新商业时代，生态系统的力量，专业优势的魔力。

　　这是一个凸显公关赋能商业价值的全新时代。在一个以人为本、万物互联、经济共享、要素资源快速流动的市场中，传统的绩效管理、领导力管理、组织管理等商业管理理念愈发呈现出力不从心的一面，它们无法满足企业对庞大的系统外多种优质商业要素资源有效吸引、整合和管理的迫切需求。所以我们需要一种全新的、能够有效整合全要素资源的商业管理理念，那便是商业向心力。

　　以公关赋能商业为核心特征的商业向心力管理理念，一方面可以完美应对现代商业社会因为社交网络发达导致的社交磁场快速放大、社交关系大规模重排这一市场变化，另一方面又可以精准对接因为大数据、云计算、人工智能等大发展引起的商业磁场发生革命性变化、要素资源大规模重排这一商业趋势。阿里巴巴、腾讯、滴滴、摩拜、今日头条、京东等一大批踏准了公关赋能商业市场节奏的企业，抓住了社交关系和要素资源重新排列组合的机会，焕发出蓬勃发展的生机，迅速成长为所在市场的黑马、独角兽、巨无霸，它们正在引领商业社会进入一个全新的商业向心力时代。

这是一个考验生态系统竞争力的全新时代。2010 年以来，优质要素资源寻求自我增值的快速流动打破了传统企业设置的种种流动性壁垒：中央电视台知名主持人纷纷出走寻找更多自我增值的商业机会；大量的储蓄资金脱离传统银行的资金池进入互联网金融领域；大量的媒体记者、编辑离开媒体岗位，开启在众多平台拥有自有账号的自媒体生涯，都是这一现象的体现。这些活跃的优质要素资源流向了哪里？很多人摇身一变成为有商业向心力的商业 IP，流向了同样有商业向心力的企业的生态系统当中，最终导致了这些商业生态系统的空前发展和繁荣。

这是一个见证专业优势魔力的全新时代。"网约车"的出现，让传统出租车行业措手不及，它们落后的巡街载客模式还没来得及改变就被彻底地推上了悬崖，零距离地面对一场不见硝烟的商业革命，而它们自己便是被革命的对象。

以微信为代表的语音通信软件的出现，给通信公司的短信业务以致命一击，它充分说明在商业向心力时代，谁更有专业优势谁就更有市场，在不断的技术迭代面前还始终止步不前，就难逃被绞杀的命运。

我们的商业社会，正在进入一个由公关赋能＋生态协同＋技术迭代三驾马车共同推进的全新时代，中国的未来、世界的未来都将被这"三驾马车"深刻变革和彻底重塑。在未来的二三十年里，商业社会将经历一轮大规模的洗牌，具备公关赋能＋生态协同＋技术迭代能力的企业将会成为推动社会经济发展的主导力量。

公关赋能与新商业时代

新商业时代首先是一个竞争加速的时代。

传统上，一家企业从诞生到发展成为独角兽，至少需要十数年乃至数十年的时间，但在以互联网为核心的新商业时代，一家企业从成立到发展为独角兽最快只需一两年的时间。究竟是什么赋予了现代企业快速成长的神力？是平日并不起眼的公关！是公共关系以吸引和聚合海量要素资源的方式，赋予了现代企业快速成长的神力。

现代公共关系与互联网技术的结合，让企业彻底突破了地理空间的限制，得以跨区域、跨国界地将信息在一分钟之内传到世界各地，在几秒钟之内完成好几笔交易。可以毫不夸张地说，在以秒为传播单位的社交网络传播时代，谁掌握了公关的主动权，谁就掌握了商业的主动权。

新商业时代还是一个"赢家通吃"的时代。

过去人们通常会说，中国市场足够大，只要敢想敢干就可以分一杯羹，但在新商业时代这种观念已经渐渐失去了效用，因为这是一个赢家通吃的商业向心力时代，不是谁都能够分得一杯羹，你不够强大就注定会被打倒。

为什么一个拥有13亿人的庞大市场，却容不得微信、易信和来往生活在同一屋檐下？原因很简单，微信好用，大家就不会用易信；微信已经够用，就不需要用来往生活。中国市场的确很大，但容不下一个输家，这便是新商业时代的中国。

"赢家通吃"表面上看是马太效应，实际上其根本逻辑是公关带来的认知优势和信息透明化。在信息传播越来越发达、信息越来越透明的当下，利用信息不透明赚钱的时代已经行将结束，有时间成本优势和专业优势的企业可以很快完成对落后企业的大规模替代，市场倒逼企业要不断提升和维持专业优势。在新商业时代，"赢家通吃"的唯一障碍是经济发展不平衡，一些人支付不起或不愿意支付替代成本。

公关赋能商业是新商业时代的灵魂。在以商业向心力竞争为核心的新商业时代，公关可以在更短的时间、更广的空间内，将企业的商业向心力向市场传导，与其说现代商业竞争是商业向心力的竞争，倒不如说是公关赋能商业的竞争。未来，谁小看公关的价值，谁就将输得很惨，既无法赢得竞争加速度，也无法获得一张"赢家通吃"的卡牌。

"公关赋能商业"典型案例：

与时间赛跑，摩拜赢得竞争加速度

2017年，在共享单车的"风口"，无数创业者圈地抢食的场面着实让人震惊，以至于颜色成为比智商更感稀缺的存在。百舸争流之下，摩拜凭什么将竞争对手们远远地甩在了身后？

太多的共享单车企业想的是如何在一夜之间将自己的单车铺满城市的大街小巷，它们天真地以为只要满大街都是自己颜色的单车，那么这个城市的市场就铁定是自己的。这种带有明显圈地色彩的鲁莽行为，很快在摩拜强大的公关攻势下败下阵来。

抢市场，还是抢舆论阵地？

在抢市场还是抢舆论阵地的问题上，摩拜的思路非常清晰，它没有像竞争对手一样盲目地将大量质量低劣的共享单车推向市场来圈地，而是以公关赋能商业聚集各路要素资源。摩拜很多篇超过10万点击量的公关稿在社交媒体上成为爆款，创始人胡玮炜文艺范十足的照片在社交网络上刷屏，就连一次"失败了，就当做公益了"的采访也燃爆网络。最引人瞩目的是，胡玮炜成为总理座谈会上的座上宾。在共享单车竞争最激烈的时候，摩拜成为中国影响力最大的电视媒体中央电视台的宠儿：胡玮炜登上了央视火爆全国的综艺节目《朗读者》，上台朗读了苏童的《自行车之歌》，还参加央视财经一哥陈伟鸿主持的中国最有影响力的金牌财经节目《对话》；央视十套的《讲述》节目亦将视线锁定在了摩拜用户自发成立、维护共享单车秩序的猎人组织上，并做了一期专题节目。

当竞争对手们享受饕餮盛宴，在一个城市又一个城市攻城略地之时，摩拜在商业链条和社会链条上的朋友圈越做越大，商业生态系统愈发完善和成熟。

胡玮炜成为"共享单车"的代名词

胡玮炜不是一个能够让人激情澎湃的"吹鼓手"型创业者。她低调但不内敛，是一个思路清晰、非常善于讲故事的人，她每次接受媒体的采访，仿佛都是在向全社会贩卖一次自己理想中的城市生活方式，让人觉得她讲的正是自己所需要的。

在共享单车市场竞争最激烈的时候，胡玮炜和她的摩拜总能精准地把握政府和媒体的脉动，让摩拜单车成为"新旧动能切换""大众创新、万众创业""共享经济""绿色出行"等理念的推动者和践行者。在各种论坛、峰会等公众场合，她耐心地讲述"一辆单车如何改变世界"的美妙故事。

整个2017年，没有人比胡玮炜更用心地推销共享单车这种生活方式，也没有人像胡玮炜一样痴迷于共享单车的创新和用户体验，她不断将迭代升级的共享单车推向市场。

自带公关基因的共享单车

摩拜的公关赋能商业竞争模式的成功并非偶然，它从诞生的那一刻起就自带强大的公关基因。

为了博取媒体和公众的关注，一些共享单车企业推出"土豪车""沙滩车"等噱头，来与摩拜竞争，但这并不能影响各路要素资源纷纷向摩拜聚集的市场格局。营销炒作只会带来眼球效应，并不能带来要素资源聚集的效应，相比于公关，营销炒作带来的注意力，要实现如要素资源聚集的效果并不现实。在这场共享单车市场的鏖战中，众多共享单车企业以市场圈地的方式选择与地理空间赛跑，唯独摩拜以公关赋能商业的方式选择与时间赛跑。在以商业向心力为核心特征的新商业时代，信息传播的速度早就已经突破地理空间的限制，相比之下，企业与地理空间赛跑无异于夸父追日，再怎么努力奔跑，也无法成功。

生态系统的力量

凯文·凯利在其经典著作《失控》中讲到："由于我们自己创造的这个世界变得过于复杂，我们不得不求助于自然世界以了解管理它的方法。"他认为，"要想保证一切正常运转，我们最终制造出来的环境越机械化，可能越需要生物化。"他在书的开篇提及的"太空生活试验舱"，也是一个由生物和机械构成的生态系统，相比纯粹的生物或机械，这套系统的最大特点就是能够自我维持。

借由互联网和人的链接，我们的商业世界也正在由一个又一个的商业生态系统控制：它们有强大的新陈代谢、自我维持和自我完善能力，这些生态系统中的生物化要素资源组合正不断冲击着传统的机械式要素资源组合，要素资源在生态系统中像生物细胞一样自主、有序地运行，而不像过去一样等待被动安排。

苹果公司构建了苹果生态系统，它不需要告诉开发者用户需要什么样的 APP，开发者却可以主动整合要素资源，开发出让用户为之着迷的 APP；今日头条搭建了信息的技术分发生态系统，它不需要告诉自媒体运营者用户需要看什么样的内容信息，自媒体运营者却能够组织人力资源，主动生产用户感兴趣的信息和内容形式。如果苹果公司机械化地安排每一位开发者所应开发的内容，它可能连硅谷都走不出去；如果今日头条机械地安排记者、编辑每日所要生产的新闻内容，它可能不过是一家换了呈现平台的传统纸媒。在社交网络、大数据、云计算、人工智能等互联网技术和应用的作用下，要素资源在重排后实现生物化组合，所有的要素资源像细胞一样自主、有序地工作，进而完成庞大生态系统的日常新陈代谢。

亚马孙热带雨林是一个庞大的生态系统，它覆盖了 700 万平方千米的广袤土地，但在这个系统中的海量动植物、微生物的生存都没有发生紊乱，整体生态系统都在按照生物化的安排有序运行。相比之下，人类建造的迄今为止最大的纯机械单体工厂——德国下萨克森州沃尔夫斯堡的大众汽车厂，也不过占地 2000 公顷，相比亚马孙热带雨林简直是小巫见大巫。

人类可以轻易操纵机械臂的各种摆动姿态，却无法左右亚马孙丛林里哪怕一只蝴蝶的运行轨迹，这就是生态系统的优势。一个商业主体能够精确控制的要素资源始终是有限的，拥有的要素资源越多就越无法控制，传统商业帝国凶猛扩张的最终结局就是失控和崩塌，无一例外；但一个商业生态所能涵养的要素资源却是无限的，商业生态吸引和整合的各种要素资源越多就会越繁荣，商业生态从不追求对要素资源的精确控制和拥有，只需让它们按照规则有序运行即可。

在过去，商业要素资源是高度稳定、流动缓慢的，商业主体对要素资源精确控制相对容易；而今在互联网的催化下，商业要素资源已经呈现出高度不稳定、快速流动的特点，企业想要继续对要素资源进行精确控制已经越来越不现实。在这种情况下，当前商业社会的运行秩序，正面临从精确控制向生态整合进化的转变。

对商业社会的运行来讲，生态整合有着与精确控制完全不一样的规则，其中"以人为本、全要素竞争、要素重排、为你赋能"是打造完美商业生态的四条典型路径。

第一，以人为本：人是一切商业要素资源的核心，商业生态系统整合要素资源首先就是要整合人，所有商业生态的繁荣都必须遵循这条朴素的商业逻辑。

第二，全要素竞争：商业生态必须是产业链生态圈和环境生态圈中多种要素资源的吸引和聚合，而非单一要素资源的吸引和聚合，全要素竞争才能带来商业生态真正的繁荣。

第三，要素重排：商业生态系统内部，必须打破要素资源稳固的利益关系，让它们按照生物化或效率的规则重新排列组合。

第四，为你赋能：商业生态必须提供基本的阳光、水和空气等，为要素资源赋能。

罗辑思维：一个"知识网红"的生态王国

罗辑思维的成功给我们带来的是反思：知识付费创业成功的逻辑真的是知识吗？拨开知识付费风口上的浮云，直视罗辑思维和得到APP的本来面目，你会发现知识付费创业成功的逻辑，本质是人。罗振宇网罗了一大批深谙知识痛点输出的人，并努力将他们进行IP化打造。

如果说斗鱼直播是游戏网红们的聚集地，那么罗辑思维就是知识网红们的名利场。得到的宗旨就是什么火推什么，李笑来、马伯庸等都是得到的嘉宾。

罗辑思维打造了一个以"知识网红"为本的商业生态，各种要素资源经由知识网红的吸引力向罗辑思维聚集，并在此进行重新排列组合，产出商业价值：

一方面，它吸引和聚合了各种有IP价值和痛点输出属性的"知识网红"，并借由他们打造了一个庞大的知识付费社群，这个商业生态并没有一个精确的控制系统，海量的要素资源在这个系统中快进快出，不断进行新陈代谢。

另一方面，它是一个从事知识痛点挖掘、知识定向生产、知识咀嚼筛选、知识包装贩卖的产业链整合者，罗振宇不需要与任何一个知识网红有雇佣关系，他们来去自由、进出随意，一切凭自身的IP价值说话，所以这个产业链也就没有边界，也不会因快速扩张而脱离控制。

"全要素竞争"典型案例：

阿里巴巴："没有竞争对手"的电商生态帝国

截至 2017 年，从规模上看，阿里巴巴已经是世界第 21 大经济体。阿里巴巴的特殊之处在于，它是一家电商公司，却不直接面向消费者售卖任何一件商品。

马云在美国底特律接受采访时说，"阿里巴巴没有竞争对手"。的确，阿里巴巴的竞争对手就是它自己，阿里巴巴并不直接参与电商竞争，而只负责吸引和整合优质要素资源，让这些要素资源源源不断地进入自己的生态系统。

"夫唯不争，故天下莫能与之争。"马云彻底参透了商业竞争的奥义，阿里巴巴不直接参与竞争，而让海量的要素资源来替阿里巴巴竞争，让阿里巴巴商业生态的每一个毛细血管都产生竞争意识，这便是全要素竞争的题中之义。

阿里巴巴提供的是一个生态系统，一个从商品的研发、生产、销售、购买到物流配送的完整产业链条。在从战略同盟、政府组织、媒体资源到社会公众的外部环境链条中，阿里巴巴只扮演吸引和整合要素资源的角色，制订好规则并为它们提供便捷的基础设施。

资金往往是一个商业主体最稀缺的要素资源，而阿里巴巴生态系统不存在这样的困扰——阿里巴巴不需要像其他企业一样通过贷款等方式将资金注入阿里生态中，反而是让生态系统内的要素资源自己解决，通过余额宝、借呗、花呗、阿里小贷等产品，阿里巴巴吸纳了大量的用户和商家的资金并在阿里生态内循环。

当一家企业不再需要为资金付出成本，这将是连国有银行都望尘莫及的商业优势，这也正是全要素竞争的又一商业优势的体现。在传统商业模式中，对资金、人才、顾客等各种要素资源的引入，企业都需要通过诸如借贷、雇佣、广告推销等方式支付成本，而在阿里巴巴以商业向心力为核心特征的商业生态模式中，各种要素资源，都是因为阿里巴巴的商业向心力主动加入，企业不需要为此支付过多的成本。

换句话说，全要素竞争让所有的要素资源都因企业的商业向心力而主动加入进来，这降低了商业主体对各种要素资源进行匹配的成本。近年来，阿里巴巴的商业生态建设越来越呈现全要素竞争的鲜明特点，它通过满足要素资源在生态内自由流动、快速进出、自我增值的内在需求，为其提供便捷可靠的支撑，阿里巴巴已成为多种要素资源聚集的"洼地"。

"要素重排"典型案例：

网约车用要素重排改写出行市场

目前在经济大发展的中国市场上，被大量闲置的要素资源有三种：一种是房子，一种是私家车，还有一种是土地。

从 2013 年开始，汽车这一闲置的要素资源被彻底盘活了，滴滴打车、快的打车、优步打车等企业迅速发展，海量的私家车司机涌入"网约车"市场，城市里"打车难，打车贵"的难题一下子有了解决的转机。这场由互联网公司发起，改写整个出行市场格局的颠覆性变革，一时间席卷全国各地，出租车行业在受到强烈冲击并短暂地挣扎了一段时间后，不得不开始顺应这场互联网改造传统行业的潮流。

我们不妨来简单回顾一下传统出租车巡街载客模式存在的种种弊端：第一，在一个以"效率至上""时间就是金钱"著称的现代商业市场里，巡街载客的传统模式根本就无法精准地对接供给和需求，大量出租车无目的空跑的现象司空见惯，导致很多出租车司机向机场、火车站等人流密集的地方扎堆；第二，人们的商务往来越来越频繁，活动范围从城市中心向远郊区快速辐射，当人们从城市中心打车到远郊区以后，回城却成了最头疼的问题，这逼着人们包车往返，无疑增加了出行成本。

无论是低效率的出租车，还是大量闲置的私家车，市场都呼唤着它们加入一场大规模的要素重排运动当中，以更精准、高效地对接人们出行市场的供给和需求。

云计算、大数据、社交网络、移动互联网的大发展，让出行市场迎来了供给和需求更高效、精准对接的利好；与此同时，国家政策层面的松绑，也打破了重排出行市场要素资源的最后一道屏障。

赢家通吃规则也在网约车企业的身上得到了印证，它吸引和整合了海量的私家车、出租车和有出行需求的众多客户等要素资源，构建起了一个庞大的出行商业生态，也让人们再一次见证了有商业向心力的企业进行市场要素重排的巨大能量，让一家创业公司用三年多时间就发展成为体量巨大的独角兽公司。

网约车借云计算、大数据、社交网络等技术进行大规模的要素资源重排、改写出行市场的意义在于，企业对要素资源进行简单积木组合就能赚钱的时代正在终结，互联网开始对传统行业进行大规模改造，从出行到金融、媒体、教育、旅行、农业、医疗、餐饮、政务等各个领域，一大批充分顺应时代和市场需求的企业横空出世，从而让需求和供给实现更高效、精准的对接。

"为你赋能"典型案例：

菜鸟网络：给队友插上翅膀

2012 年的"双十一"购物狂欢，阿里系电商的总订单数超过 1 亿笔，但靓丽的数字背后，是网购用户的抱怨，因为负责天猫淘宝订单商品物流配送的"猪队友"们很不给力，很多配送网点陷入瘫痪，许多用户半个月后仍无法收货；与此同时，京东自建物流的"当日达""次日达"更是让天猫、淘宝的形象大受打击。

在这样的背景下，2013 年 5 月 28 日，阿里巴巴、银泰集团联合复星集团、富春控股、顺丰集团、三通一达（申通、圆通、中通、韵达）、宅急送、汇通，以及相关金融机构共同发起成立"中国智能物流骨干网"（简称 CSN）项目，也就是今天被人们广为熟知的菜鸟网络。

按照马云的说法，菜鸟网络的目的是在电子商务企业、物流公司、仓储企业、第三方物流服务商、供应链服务商等之间建立起社会化资源高效协同机制，提升中国社会化物流服务品质。

但无论怎样包装菜鸟网络，都掩盖不了马云想让物流配送的小伙伴们跟上节奏的初衷，这从它"让全中国任何一个地区做到 24 小时内送货必达"的目标就可以看出。也就是说，菜鸟网络就是要给物流配送员们插上翅膀，让他们可以更高效、更快捷地为用户和商家服务。

马云的菜鸟网络，本质上就是要打造一个可以整合众多社会化物流要素资源的庞大商业生态系统。在阿里巴巴内部，菜鸟网络曾被称为"地网"，与之相对的还有一个追逐商品订单前台数据的"天网"，在 2015 年的菜鸟江湖大会上，"天网"和"地网"合并成为现在的菜鸟网络。

事实证明，菜鸟网络为物流合作伙伴赋能的效果是颠覆性的。2016年的"双十一"期间，菜鸟网络承运6.57亿笔订单，是2012年的6倍多，却并没有发生大范围物流系统瘫痪的现象。

　　商业生态与传统的托拉斯模式显著不同，它庞大却不臃肿，它的力量是一种群体生物性协作的力量，如果你的公司正在打造一个商业生态，那么为生态系统内的要素资源赋能，将是一笔非常划算的买卖。

专业优势的魔力

2017 年 10 月 18 日，《自然》杂志网站发布论文称，战胜围棋世界冠军的人工智能"阿尔法狗"（AlphaGo，阿尔法围棋）的开发团队推出了升级版的围棋人工智能——"阿尔法零"（AlphaGo Zero），它从零开始自学，不经历除游戏规则以外的任何指导，便以 100∶0 的战绩击败了阿尔法狗。

阿尔法零用几天时间从零开始自我迭代，就习得人类几千年的围棋智慧，这让我们再一次看到了互联网技术迭代的魔力，看到了不进则退的互联网时代的生存哲学。

我们的商业社会变得越来越透明，一项新技术、一个新产品被市场预判有前景之后，其他企业会快速跟进，企业在市场上保持竞争优势的唯一出路，就是像阿尔法零一样自我迭代，以期建立持续的专业优势。

专业优势是在公关赋能商业和生态系统竞争之外，新商业时代的又一重要的企业生存法则。一个非常迫切的商业现实是，如果企业想在未来的商业竞争中保持基业长青，只有响亮的品牌或某一项专利技术是不够的，必须要有持续的专业优势。

人类从来没有停止过竞争，自古以来，人们一般会通过两种手段来进行竞争。一种是破坏的手段，比如战争、侵犯和杀戮；另一种是建设的手段，比如发展科技和生产。历史已经告诉我们，破坏终究不是人类社会的主流，不断进步才是人类社会的终极宿命。商业亦如是，依靠尔虞我诈、损人利己赢得市场竞争的时代必将终结，只有不断进步并始终保持专业优势才是赢得商业竞争的唯一砝码。

能否建立专业优势考验着企业的综合能力，而专业优势主要来源于技术迭代、产业链整合及企业专注某一领域商业磁场和社交磁场的持续经营。尽管企业建立持续的专业优势并不仅仅归因于技术，比如持续深耕某一个领域的市场、围绕某一领域打造强大的社交磁场，但技术迭代始终是企业建立专业优势的一个不可忽视的重要影响因素，很多时候甚至是最为核心的影响因素。

总之，一个有竞争力的商业生态，其建立专业优势的方法必然遵循绝对专注、技术迭代、场景革命、消费黑洞等商业运行逻辑。

绝对专注：绳锯木断、水滴石穿，自然生态中的朴素法则同样适用于商业社会。企业只有长期地、绝对专注地做某个领域的事情，才有可能建立起专业优势；蜻蜓点水式的经营，不断切换业务领域很难建立起专业优势。

技术迭代： 第一辆汽车注定会被马夫嘲笑。但汽车有技术迭代的潜力，马车却没有；马车绝无可能超越马的速度极限，汽车却在迭代升级中不断打破自身的速度极限。在新商业时代，技术迭代始终是建立专业优势的最有效方法。

场景革命： 商业竞争离不开场景，专业优势的累积更离不开场景。企业拥有专业优势之后，就可以对诸多商业场景进行升级改造，从而建立多层次的良好用户体验，而多层次的良好用户体验将显著增加其他企业对用户的转化成本，进而反向强化企业在市场中的专业优势。

消费黑洞： 由于有商业向心力的企业需要投入的资源占整个商业生态的比例极小，企业维护和服务新客户的边际成本非常低，这使得进入生态系统的新客户越多，商业生态系统的运行效率就越高，市场供给和需求的精准匹配程度也越高，这有助于进一步提升企业的专业优势。商业向心力的终极表现就是"消费黑洞"，一方面，场景革命可以产生"消费黑洞效应"，另一方面，跨界共享、战略合作或利益同盟也可以打造"消费黑洞"。

"绝对专注"典型案例：

斗鱼直播："游戏直播"的王者之路

国内最早的一批视频直播平台主要是9158、YY、六间房等各类秀场，主要以在线 K 歌、聊天交友、理财炒股、在线教育等业务为主，彼时各平台的业务并没有明显的区隔；在经营模式上，各平台也没有采用吸引和整合要素资源的商业向心力模式，平台内的主播更多的是邀请制和艺人经纪两种模式。

2016 年是网络直播市场大爆发的重要节点，各大新兴平台纷纷放弃传统的邀请制和艺人经纪模式，主播的准入门槛降低，开始对社会上更多的普通公众开放，每一个人都可以开通账号成为主播，斗鱼直播甚至直接打出了"全民直播平台""每个人的直播平台"的宣传定位。

自此，视频直播行业开始披上商业向心力竞争的外衣，它们需要基于广大主播的社交磁场和商业磁场的力量来组织竞争。

直播行业全盛时，有包括虎牙、花椒、熊猫、一直播、映客、人人直播、斗鱼、人民直播、光圈、趣直播、龙珠、战旗等在内的 300 多家直播平台，而当人们谈及游戏直播时，首先想到的一般都是斗鱼直播。

目前尚存的几十家直播平台中，很多直播平台都没有清晰的业务主线，内容从美食、体育、秀场到演唱会、发布会等无所不包，且大多是一窝蜂地追逐社会热点或通过明星效应来维持平台的热度。而斗鱼直播则不同，它从 2014 年正式成立起，就开始冠名赞助国内顶级电子竞技俱乐部 OMG、WE、皇族，到 2016 年获得 17173 游戏风云榜年度最佳直播平台奖，斗鱼直播一直专注游戏直播这一细分领域，成为这一领域当之无愧的王者。在此期间，一大批拥有众多粉丝的游戏玩家在斗鱼直播进行游戏直播，平台人气随着直播玩家人数的激增而一路飙升。

绝对的专注也让其终于迎来了爆发性转折点，斗鱼直播因为在游戏直播领域的地位而吸引了一个梦寐以求的优质资源，进入了拥有游戏领域众多社交资源的腾讯的视线。腾讯先后多次投资斗鱼并与其达成战略合作，共同推动游戏直播领域的发展和合作。2016 年 8 月，斗鱼直播完成了由凤凰投资与腾讯领投的 C 轮 15 亿元人民币的融资，这刷新了直播行业的融资纪录。

斗鱼直播商业向心力案例的启示在于，只有绝对专注于某一个领域，才能在该领域持续地吸引和整合最优质的要素资源，才能获得专业优势方面的认可。俗话说"熟读唐诗三百首，不会作诗也会吟"；在心理上，人们其实也倾向于"专注是专业的前提"，这两者之间有着必然的联系。

"技术迭代"典型案例：

苹果的魅力：产品迭代打造极致生态

在科技界，苹果产品有典型的技术迭代色彩，而这也正是其打造并保持相关领域专业优势的根本所在。

现在人们对苹果产品的认知是，其是极致、完美的代名词，但苹果发布第一台电脑、第一款平板、第一部 iPhone、第一个 iPod、第一只 iWatch 时，人们对这些产品都很难做出这样的评价。第一代 iPhone 还曾因为不能更换电池、打不通电话等问题被吐槽为是一款"愚蠢的产品"。

罗马不是一天建成的，我们今天所能享受到的 iPhone 使用体验也经历了数次的迭代过程。在过去的十多年时间里，苹果一直都在不断地推出各种新功能，从而丰富 iPhone 用户的使用体验。按今天的标准来看，第一代 iPhone 就像是一块没什么用处的砖头。

iPhone 的逻辑也同样适用于平板电脑，苹果在创新性地开拓了平板电脑领域之后，仍然保持了它的产品迭代能力，保持平板电脑的卓越用户体验。对苹果来说，它需要的并不是每年开创一个全新的产品，而是有节奏地开创新产品，同时把现有产品做到极致。

近些年，苹果开创了众多新品，保持了非常好的创新节奏，这些智能设备为苹果带来了极高的利润。从成本上来说，第一代产品必然要投入最高的研发成本，供应链、市场营销等费用也非常高；到了第二代及其之后，该系列产品在研发上的投入会大大降低，供应链也会更加成熟。苹果时至今日仍然能保证它可以提供业内最好的产品之一，所以它仍然会是人们最喜欢的品牌之一。

世界上能开发出一款惊艳的产品并且可以被称为优秀的公司并不少，比如曾经的手机王者诺基亚有多款经典机型，互联网领域里也出现过很多超级火爆的应用和游戏。但这些产品的开发者都没能在下一版本、下一代的产品里留住用户，而苹果做到了，所以苹果是一家伟大的公司。伟大的公司可以不断做出开创性的产品，通过出色的迭代来不断获取用户，提升利润，并且建立起围绕自己产品的生态系统。

"场景革命"典型案例：

微信帝国：用爆款产品进行多层次商业场景替代

蒸汽机的发明、发电机的发明和计算机的发明，它们最大的价值并不在于发明创造本身，而在于直接带动了诸多领域的产业革命，完成了对落后生产方式的替代。

同样的道理，对于一家企业来讲，"专业优势"的商业价值也并不在于专业本身，而是当企业一旦具备了"专业优势"，它就可以基于专业优势进行多层次商业场景的替代，形成一种有多元用户体验的商业生态。

微信商业帝国的崛起，就是一个通过专业优势进行多层次商业场景替代的鲜活例证。

2011 年，微信的诞生并不如其后的发展一般轰轰烈烈，它只是腾讯的一个看起来并不起眼的内部创业项目。最开始其不过就是一款简单的移动端IM（即时通信）工具，也就是用来"聊天"的，其最大的杀手铜就是"语音聊天"功能。在经过数次的产品迭代之后，微信逐渐成为手机用户一款爆款APP应用。

彼时，作为IM工具，微信的竞争者队伍颇为壮观，比如易信、米聊、来往、无秘、哔哔、人人、陌陌等都有着强大的商业背景，甚至当时如日中天的微博也推出了类似微信聊天的功能——"私信"。

但没有人怀疑，在众多的移动IM工具中，微信始终是用户体验最好的移动IM工具，它凭借腾讯二十多年绝对专注IM通信领域的深厚积淀和产品的不断优化迭代，很快就建立起了在移动IM领域的"专业优势"，2018年11月14日腾讯发布的第三季度财报显示，微信月活跃账户已达10.825亿。

正是自2013年奠定了绝对的"专业优势"之后，微信便开始了疯狂的"商业场景"替代之路。

微信首先瞄准的就是"支付场景"的替代，它开始逐渐加入绑定银行卡、微信支付、发红包、微商城等功能，并把诸如购买电影票、火车票、餐饮、外卖、彩票、共享单车、游戏等第三方应用引入微信平台内。微信方便、快速、高效的特点，让它在支付场景方面的替代因为良好的用户体验而如鱼得水，目前微信支付的年度市场规模已达数十万亿元的量级。

其次，微信还锁定了人们"信息获取"的场景替代，它有条不紊地基于微信朋友圈开通了公众号、微信搜索、网页分享等功能，替代人们传统的新闻信息获取方式，比如人民日报、新华社等通讯社，各种报纸媒体、个人自媒体、企业自媒体等纷纷入驻微信公众号平台，在信息获取方式上微信仿佛打开了一个新的世界，替代了传统的应用场景。

最后，微信的下一个目标是"小程序"对各种手机APP场景的替代，你不必装载或打开APP应用，在微信内就可以实现对诸多APP的使用。比如，以最简单的"名片管理"来说，以前用户需要下载各种APP来管理名片，但现在通过微信小程序的名片功能，就可以轻松管理名片。

基于一个简单IM应用的"专业优势"，微信就替代了诸多跟我们工作、生活等相关的商业场景，构建起了一个庞大的微信商业帝国，这正是商业向心力竞争模式的典型特征。从这一点上来讲，微信像极了"蒸汽机""发电机"的发明对我们诸多生活场景的革命性影响，让我们见证了有专业优势的爆款产品的广阔商业潜力。但我们不能否认的是，它本质上还只是一个通过产品优化迭代而有了"专业优势"的IM应用而已。

"消费黑洞"典型案例：

支付宝的跨界联合：制造消费市场的"黑洞效应"

在国内，支付宝和微信可谓是相爱相杀的一对"冤家"，艾媒咨询数据显示，2018年第一季度支付宝与财富通（微信支付和QQ钱包）占据了中国移动支付市场超过90%的市场份额。

客观来讲，支付宝和微信这两种模式都实现了消费市场的"黑洞效应"，让海量的要素资源纷纷向其聚集。但与微信通过支付、生活、娱乐等方面进行场景革命的商业向心力模式不同，支付宝的"黑洞效应"主要源自在纯支付领域的"跨界联合"，它的"黑洞效应"更多地限于支付场景本身，并没有深刻介入人们的生活、工作和娱乐领域。

也就是说，支付宝的商业向心力竞争模式不是因为基于专业优势产品的"场景革命"，而是典型的基于专业优势产品进行跨界共享、战略合作或形成利益同盟等来打造"消费黑洞"。

作为淘宝网在2003年推出的担保支付工具，支付宝也经历了不断迭代和优化的过程，到2008年时，支付宝已经成为"第三方支付"的代名词。彼时，无论从用户体验、市场规模，还是支付技术、处理能力，支付宝在支付领域都已经积累了绝对的"专业优势"。

自 2008 年开始，支付宝走上了跨界联合的发展之路，开始针对淘宝网等阿里系之外的公司提供第三方支付服务。

● 2008 年 10 月 25 日，支付宝与地方政府合作，率先开通了公共事业缴费的功能，支持水、电、煤、通信等缴费。

● 2010 年 12 月 23 日，支付宝与中国银行合作，首次推出信用卡快捷支付。

● 2013 年 6 月，支付宝与天弘基金展开战略合作，推出首只互联网基金，上线"余额宝"功能。

● 2013 年 11 月 30 日，支付宝与中国铁路建设投资公司合作，12306 网站开始支持用支付宝购买火车票。

● 2015 年 9 月 25 日起，支付宝和麦当劳进行大数据合作，全上海地区的麦当劳可使用支付宝支付，并将进一步推广至全国门店。

● 2015 年 10 月 29 日，沃尔玛与支付宝达成战略合作，开始全面接入支付宝，双方在用户体验、消费等大数据领域展开合作。

● 2016 年 5 月 20 日，三星移动支付服务 Samsung Pay 和支付宝正式宣布合作，用户可以在三星手机上通过上滑屏幕的方式快速调出支付宝的支付界面。

● 2016 年 11 月 1 日，支付宝入驻苹果 APP Store，中国大陆用户可以在 APP Store 的付款方式和充值两个地方看到支付宝，通过其购买应用，给账户充值，或给 Apple Music 等订阅服务付费等。

● 2017 年 6 月，摩纳哥与支付宝签订战略合作协议，举国商户接入支付宝。

● 2017 年 10 月 10 日，支付宝宣布上线信用租房平台，在上海、北京、深圳、杭州、南京、成都、西安、郑州这 8 个城市率先推广信用租房，有超过 100 万间公寓正式入驻支付宝。

此外，阿里系还投资了大麦网、新浪微博、饿了么、菜鸟网络等生活服务互联网公司，以及三江购物、银泰百货、联华超市、新华都、盒马鲜生、苏宁云商等新零售企业。在过去的十年里，阿里巴巴在跨界共享、战略合作或利益同盟等方面的布局让人看到了阿里巴巴的野心。

而所有这些跨界联合带来的直接结果就是——中国的消费市场围绕支付宝形成了一个巨大的"消费黑洞"，大量的商业支付市场都向支付宝聚集，这种"支付宝专业优势＋跨界商业联合"的模式所打造的商业向心力，已经深深触动了传统银行业的利益。

第四章

公关赋能融入企业战略：
第四次商业革命

引言：公关赋能融入企业发展战略

国内企业的公关曾长期游走在灰色地带，它们小心维系着与新闻媒体在利益关系上的默契。也正是因为对专业新闻媒体的过度依赖，我们的公关始终没能像广告、营销一样进入主流话语圈，公关对于企业来说成了可有可无的附属品，企业只有在遇到危机时才会想到公关。

尽管传播是企业公关至关重要的一个环节，很多公关人对传播方式还是存在一定误解，他们倾向于认为，公关传播渠道就是新闻媒体，公关稿就是各种新闻稿。

事实上，公关传播渠道可以是任何有利于信息沟通的媒介形式，并不限于新闻媒体；公关稿可以是任何有利于传播的内容形式，也不限于新闻稿。比如说，书籍也可以是一种很好的公关传播渠道，一些企业会把自己的商业故事、管理思想或者企业领导人的奋斗经历等精编成书，以此来影响公众。从这个角度来讲，书籍就是"公关传播渠道"，书稿就变成了"公关稿"。

公关传播过度依赖专业新闻媒体是中国企业公关的通病，这极大地限制了企业公关的发展，因为大企业更容易获得专业新闻媒体的版面，小企业、创业企业几乎完全被忽略，尤其在传统报纸、电视等新闻媒体占主导的时代，公关资源偏向大企业的现象非常严重，这种公关资源的不均衡直接导致了信息传递的不对称。而随着社交网络的出现，这样的局面正在被打破，专业新闻媒体以外的社交媒体、自媒体、公众号等呈现爆发性增长的态势，并逐渐开始担当信息传播的主角。这给公关行业带来的好处是，创业企业也可以与大企业平等地争夺社交媒体资源，公关资源呈现出明显的均等化趋势，越来越多的创业企业、中小企业进入社交媒体的视线中。

在社交网络时代，信息传播方式呈现多元化，专业新闻媒体一家独大的局面被打破，这也真正打开了公关跨越式发展的大门。这不仅为公关在除形象管理之外的更多企业管理领域发挥作用提供了操作空间，也为企业通过公关手段整合商业要素资源提供了理论可能。社交网络带来了公关资源的均等化和公关操作的阳光化，企业公关彻底撕下了与专业新闻媒体暧昧的面纱，实现了阳光化操作，让有偿信息传递的市场化操作取代了有偿新闻的灰色空间。

可以说，公关资源均等化和公关操作阳光化将是公关行业发展过程中的一个转折点，因为它们是公关真正融入现代企业发展战略的前提，意味着每一家企业都可以按照市场的规则而非媒体资源的限制来让公关发挥作用，让公关赋能商业成为整体商业社会的一个公平选项，而不再是少数大企业的特权。

"旧时王谢堂前燕，飞入寻常百姓家"，社交网络和社交媒体能量的大爆发，一方面革了众多专业新闻媒体的命，逼迫它们让渡部分话语权给可以市场化操作的自媒体；另一方面也革了众多大企业的命，逼迫它们让渡部分公关资源给创业企业和中小企业。

中小企业、创业企业也可以做公关，这就意味着公关赋能商业的时代已然来临。在"大众创业，万众创新"的坦途上，公关融入企业发展战略必将会为众多的中小企业和创业企业注入新的发展活力。

第四次商业革命正是建立在公关资源均等化和公关操作阳光化的基础上的，一大批新兴互联网企业正在借由这场商业革命迅速崛起，它们将以星星之火成就燎原之势，通过公关赋能商业的管理理念来提升自身的商业向心力，吸引和整合远比自身资源禀赋更庞大的外部要素资源。

再谈公关：公关的本质是什么

"公关是事实、意识和行为沟通的统一体。"

这是我在从业多年后总结出的一句话，它颠覆了很多人对公关一贯的认知。如果我更激进一些，说"公关沟通的本质更多的是一种行为沟通，而非语言的沟通，重要的不是企业说了什么，而是企业做了什么，以及因何这样做"，相信很多人肯定会跳出来反对，因为这和他们日常接触的公关完全不一样。

如果公关的本质是语言的沟通，那么公众对同一性质的企业的公关的反应理应是一致的，但事实上，公众和媒体可能会原谅 A 而抨击 B，这截然相反的结局，恰恰反映出"做什么比说什么更关乎公关沟通的本质"的道理。

156

一、告别"花瓶论"，发挥公关的管理职能

在过去相当长的时间里，绝大多数的企业公关都是作为花瓶而存在的，陷入了"说得多，做得少"的怪圈，被认为只是用各种语言来包装公司、产品或品牌的形象，以此来让人们对企业产生好感。事实上，形象管理仅仅是公关的一个细分领域而已，并不是它最主要的职能，甚至可以说，"让某种东西看起来卖相好看"这种事情仅仅是公关的一项入门技能。

公关最主要的职能其实在行动方面，确切地说是管理领域，包括对企业内部组织、产业链生态圈和外部环境生态圈等要素资源的管理。比如，蚂蚁金服需要思考如何用公关来管理数千万与支付宝有资金往来的用户，京东需要思考如何用公关来管理数万名员工，阿里巴巴也需要思考如何用公关来管理上百万的商家。对于它们来说，单纯地制订规则不足以管理好所有的用户、员工和商家，还需要公关来发挥管理职能。

公关能够发挥管理职能的根本原因在于，公关是事实、意识和行为沟通的统一体，当我们通过这三点与其他群体进行公关沟通的时候，其实就是对该群体的一种管理。"张瑞敏砸冰箱事件"就是一个很好的公关发挥管理职能的案例：首先，砸冰箱针对的是生产的冰箱不合格这一事实，砸冰箱反映了管理者在和员工进行事实层面的沟通；其次，砸冰箱也是管理者与员工进行的行为沟通，管理者对于员工生产劣质冰箱的行为做出了砸冰箱的反馈；最后，砸冰

箱的行为反映的是张瑞敏在向员工强化"质量就是生命"的意识。事实、意识、行为三个层面的公关沟通，完整地构成了砸冰箱这一企业管理行为，公关在这里既发挥了员工管理职能，又发挥了形象管理职能，成功提升了公众对海尔品质形象的正向评价。

二、为商业赋能与维护发展权

针对员工、顾客、合作伙伴、社会公众和政府组织等不同群体，公关发挥的管理职能也明显不同，这就需要企业对公关的管理职能进行细分。

譬如在产业链生态圈，公关的管理职能主要表现为为商业赋能；在环境链生态圈，公关的管理职能则主要表现为维护自身发展权；而在企业组织内部，公关的管理职能则更多地表现为对企业文化的管理。

为商业赋能：在产业链层面的公关管理，可以极大地激发要素资源的创新活力和商业对接效率。每年的苹果全球开发者大会就是一次公关活动，可以让产业链上的合作伙伴更好地理解苹果的发展战略、业务方向，并交流最新技术成果，这时候公关发挥的就是管理职能。

维护发展权：当前企业所处的商业环境越来越复杂，竞争也越来越激烈，在外部环境生态圈的公关管理，可以帮助企业获得来自政府、公众、媒体和其他商业主体更多的支持，以维护自身的发展权。例如，一些非政府组织和媒体视网络外卖为对自然环境的威胁，这时候外卖企业的公关会联合环保人士、新闻媒体等力量共同沟通寻找外卖可能导致环境问题的解决办法，而不是坐以待毙。

企业文化管理： 每家大公司都有一套约定俗成的企业文化，当公关在企业内部发挥管理职能时，通常是基于企业文化价值观来管理企业，不符合文化价值观的行为将会被禁止，与文化价值观相冲突的做法将会被纠正，比如，阿里巴巴"刷月饼"的员工因有违公司诚信文化被辞退和内部通报，这其实就是公关在发挥管理职能。

三、建立良好的社交磁场和商业磁场

对于商业向心力企业的构建，公关赋能商业必须纳入企业的商业模式设计中，融入企业的发展战略之中，将公关的管理职能有效发挥。在商业向心力时代，公关的管理职能更多地体现在帮助企业建立良好的社交磁场和商业磁场。回到商业向心力管理理念的初衷，它的目的是让企业摆脱自身对有限的、老旧的要素资源的束缚，实现对社会无限的、流动的优质要素资源的管理，即帮助企业商业生态系统进行要素资源的新陈代谢。我们无法通过传统的组织管理的方式来实现这些，所以要借助公关管理的方式。

公关管理和组织管理是两个完全不同的概念，公关管理并不直接管理要素资源，对它们没有明确的支配权，因此我们提到了领导力公关、建立社交磁场、打造商业磁场的概念，企业需要借助它们来实现对要素资源的管理。

值得一提的是，不是所有的公关管理都可以纳入商业向心力的范畴，企业建立社交磁场和商业磁场的公关活动，应该有明确的领导力公关属性，领导力是建立社交磁场、商业磁场并吸引要素资源的逻辑原点。

商业向心力与第四次商业革命

2014 年 11 月 20 日，在中国乌镇举行的世界互联网大会上，马云回答主持人提问时说："阿里巴巴要做什么呢？第一，阿里巴巴要培养更多的京东。第二，阿里巴巴要做的是让这样的公司挣钱。"当时很多人对他的这一说法表示不解，而现在，正在发生的第四次商业革命将让马云的话在未来的几十年里成为现实。

阿里巴巴商业生态中集合了全球数以百万计的商家，他们既为自己也为阿里巴巴打工，与阿里巴巴有着商业共生的紧密关系。阿里巴巴的未来目标是成为世界第五大经济体，彼时这个庞大的商业生态中培养出几个目前京东体量的公司，将是非常值得期待的一件事情。

在过去的不到一百年的时间里，我们的商业社会先后经历了三次大的商业革命，直接导致新兴的商业业态革了传统商业业态的命。它们分别是经由广告的催化、市场营销的推动和公共关系的驱动引发的三次商业革命，而当前正在进行的第四次商业革命，将由商业向心力重排要素资源来完成。

一、商业革命 1.0：广告业的繁荣

首先要明确的一点是，商业革命诞生的基础一定是竞争，非竞争因素导致的商业革命，比如通过行政手段或政权更迭带来的商业革命，不在本书的讨论范畴之内。在不同的商业史阶段，大批量的企业采用了与以往不同的手段来组织竞争，并成功地淘汰了其他商业主体，这就构成了这里所讲的商业革命。

第一次真正意义上的商业革命，或者说因为竞争导致的第一次大规模的企业劣汰是由广告推动的，此时的广告主要是用来应对产品过剩导致的激烈商业竞争。

1869 年，第一家真正意义上的专业广告公司艾耶父子广告公司在美国费城创立，此后的一百多年，美国广告行业发展迅猛，产生了一大批著名的广告公司。在大萧条时期，大批企业商品过剩，广告成为企业赢得竞争的重要砝码，广告公司对美国商业企业摆脱经济萧条起到了极其重要的作用。

美国广告业的全盛时期大约出现在 20 世纪 50 年代，直到现在，广告界依然没人能撼动广告教父大卫·奥格威的历史地位，他于 1963 年出版的《一个广告人的自白》依然是现代广告人必读的

"圣经"。

可以这样认为，美国最早一批现代企业的兴起，都源于广告及市场营销的推动，它们借由广告和市场营销的竞争革了其他企业的命。即便早在 1931 年美国就成立了美国市场营销学会，但这时候的市场营销却没有脱离产品销售的概念，它更准确的说法应该叫"销售促进"，并非真正意义上的市场营销，其更像是广告的一种延伸。

二、商业革命 2.0：市场营销的盛宴

自 20 世纪 60 年代开始，美国的商业竞争进一步升级，竞争的深度、广度前所未有，单纯的广告已经不能帮助企业进行更复杂的市场竞争，第二次商业革命就此出现。这一次是由现代市场营销推动的，让一大批企业走向了被淘汰的结局。

市场营销撇开了产品竞争的单一维度，它涉及企业从生产到消费整个完整产业链的竞争，包括产品的研发、设计、生产、销售、渠道和促销，还包括消费者的需求、购买决策、体验反馈等，正是市场营销推动的竞争升级带来了第二次商业革命。

杰罗姆·麦卡锡在《基础营销》一书中第一次提出了著名的营销学 4P 理论，即产品（product）、价格（price）、促销（promotion）、渠道（place）；1967 年，菲利普·科特勒在《营销管理：分析、规划与控制》中宣传了这一理论。在 4P 市场营销理论的基础上，杰

克·特劳特的品牌定位理论将定位引入企业战略，开创了竞争战略，成就了营销学的新发展。

从结果来看，市场营销对现代商业竞争的作用是革命性的，它大大加深了企业竞争的深度和广度，企业简单生产一种产品，打一下广告就能在市场赚钱的时代一去不复返，企业需要调研和了解消费者的需求并创造需求，借助市场营销来应对从生产到消费的完整产业链竞争，不能适应这种竞争的企业就会成为第二次商业革命的对象。

三、商业革命 3.0：公共关系的崛起

20世纪90年代，企业的竞争再次面临升维，纯粹的商业竞争开始面临来自社会各方面的挑战，如公众口碑、可持续发展、环境保护、企业公民责任等，企业不仅要打造一个有竞争力的产业链，还需要为自己营造一个良好的营商环境和受欢迎的品牌，以赢得包括消费者、资本市场、政府、公众、社会组织、媒体等在内的多方面的支持。这一阶段的企业，仅仅借助市场营销的手段赢得在从生产到消费的完整产业链的竞争还不够，还要借助现代公共关系及品牌管理理念赢得更广泛社会群体的支持。

此时的商业竞争，企业奉行的竞争战略是公关、广告、市场营销三位一体的大品牌驱动，品牌的内涵已经在品牌形象论和品牌定位理论所框定的品牌内涵基础上大大丰富，品牌成为企业整合产业

链和环境生态中要素资源的核心。

在大品牌驱动的商业竞争中，现代公共关系扮演着至关重要的角色，被誉为"全球定位之父"的阿尔·里斯的"公关第一，广告第二"理念，成为最受欢迎的商业竞争理念之一，他也在多年的沉浮中，跳出了市场营销的窠臼，为世人揭开了第三次商业革命的面纱。

四、第四次商业革命：商业向心力的逆袭

正在发生的第四次商业革命与前三次有着本质的不同，它并不是要革掉某些企业的命，而是要把大多数企业作为一种商业要素资源，在商业生态中进行重新排列组合，让它们成为有商业向心力的企业的附属。

第四次商业革命将是有商业向心力的企业对传统企业的一次大逆袭，这场商业革命的深度和广度将远远超乎我们的想象，一大批我们耳熟能详的品牌和企业，最终或将被有商业向心力的企业取代，或成为有商业向心力企业的附属，或成为有商业向心力的企业进行要素资源重排的对象。

这正是第四次商业革命所带来的血淋淋的商业现实，这场"商业革命"的残酷程度是超乎想象的，没有商业向心力的企业只有依附在有商业向心力的企业之上才能生存。

第四次商业革命的推动力量正是商业向心力，它的典型特征就是"得商业磁场、社交磁场者得天下"，企业的商业模式是否有要素资源吸引力，是否能够通过不断地进行要素资源重排和新陈代谢来获得竞争优势，将是其能否在这场商业革命中胜出的根本所在。

末端爆发是有商业向心力的企业实现商业革命的"撒手锏"。在传统商业模式中，企业直接拥有和支配的要素资源越多，其在商业末端就越会表现为服务僵化、没有活力，在市场急剧变化时容易失去控制；但商业向心力模式则不同，它们不追求对要素资源的直接拥有和支配，其在商业末端表现出末端爆发、十分活跃和主动适应市场变化的特点。比如，一家媒体雇用一万名优秀记者和今日头条吸纳一万名资深自媒体人，他们所能带来的商业价值是显著不同的。自媒体人会根据市场变化主动适应市场以求生存，并通过经营他们的个人IP为平台持续创造价值，两者之间的差距是几何级的。

公关赋能"三要素"：IP/圈层/活生态

在一个各种要素快速流动的商业世界，不能建立广泛的连接，就会成为一种虚无缥缈的存在，这正是现代企业最感焦虑，也最害怕遇到的糟糕情况。商业的本质从来不是交换，不是买卖东西，而是一套让商品、信息、货币等流通的连接系统。

用什么来建立广泛的商业连接？

传统商业建立连接的方式相当粗暴，人们一般会通过物理性的商业系统搭建商业连接，比如商场、集市、线下交易会，企业花费大笔的广告宣传费用在报纸、电视等大众媒体上进行广告促销轰炸，以此来吸引人流构建商业连接，并通过品牌沉淀的方式维持商业连接的稳定和活跃。

但新兴商业建立连接则充满了艺术性，人们越来越脱离烦冗、低效的物理性商业连接，转而投向用虚拟的、智慧化、即插即用的互联网商业系统来搭建更高效的连接，比如电子商务、各种手机 APP 等，而在互联网用完即走的商业场景下，传统的广告促销轰炸对商业连接的贡献越来越小，广告吸引的连接也无法在虚拟的互联网商业系统中进行有效沉淀形成商业生态，而基于真实社交网络、手机 APP 和信息精准技术分发等来建立和沉淀广泛连接，则被推向了现实商业的前台。

究其原因，传统商业连接的建立是以"消费场景"为中心的，新兴商业连接的建立则是以"人"为中心的。也就是说，传统商业中"场景即人"，企业只有连接入物理场景才能够连接到人；而在新兴商业中是"人即场景"，企业只有先连接到人才能够连接入商业场景。所以，传统商业更关注如何争夺商业地段、扩大分销渠道和强化品牌占位，而新兴商业更在乎如何活跃商业生态、渗透社会圈层和扩大 IP 覆盖。

公关赋能的过程正是为有商业向心力的企业构建广泛连接的过程，也就是连接八种商业要素资源里起决定性作用的人，让他们稳定地连接并持续地服务于整体商业生态的过程。在这一过程中，公关赋能的基本逻辑是 IP 裂变、圈层传染和商业生态的涟漪式激活，IP、圈层和活生态，这三大要素决定了一家企业能否真正构建起自身的商业向心力。

商业竞争从商业地段、分销渠道和品牌占位，转向商业生态、社会圈层和超级 IP，不仅是对正在发生的第四次商业革命的一次生动诠释，更是对以公关赋能为特征的商业向心力竞争的一次淋漓尽致的现实投影……这像极了一次商业新旧世界的权力更替，所有的一切都在昭示我们，传统的商业竞争规则已经到了需要"禅让"的历史时刻，一场由互联网引发的管理变革正在接管着新商业世界的权柄。

一、IP 裂变：所有的商业都基于 IP 发生

"再小的个体，也有自己的品牌。"

第四次商业革命彻底降低了"品牌"的门槛，哪怕你只是开了一家连接了百十个消费者的街边小店，你也要在互联网上有品牌意识，或在美团、饿了么、淘宝、微信独立地建立自己的专属 IP，否则人们会陷入没有办法找到你的尴尬。

IP，是新兴商业世界的通用入口，每一次的商业交易都经由这个入口发生，它就像是在传统商业世界里出入沃尔玛、物美、国美或商场的玻璃门一样。而且，每个人在互联网商业世界也都是一个IP 化的存在，并通过网络与其他 IP 产生商业联系，每个 IP 还会沿着自身的社交网络对这种商业联系进行社交裂变，带动更多人连接入整体商业生态。

2017 年 10 月 10 日，拥有 600 多年历史的故宫决绝地关闭了旧世界的入口——它摘掉了"故宫博物院售票处"的牌子。现在，故宫已经不再通过人工窗口售卖任何一张实体门票，改而实现了全部网络售票，从纯商业的角度讲，故宫门票已经与旧的商业世界没

有任何关系。其实，不只是故宫的门票，生活中的电影票、火车票、飞机票，也经历着类似的 IP 化商业变迁，旧的商业世界正在纷纷关闭交易入口，越来越多的商业交易开始在网上发生。

新兴商业基于 IP 发生，它既是流量型经济，也是连接型经济，企业必须在新的商业世界持续获得流量，建立、沉淀并优化自身的连接，才能够生存和实现市场增长，这与传统商业依靠渠道分销的市场增长截然不同。总体而言，新的商业逻辑是这样的：一切以 IP 为中心，一方面通过公关赋能实现 IP 的口碑裂变、广泛人群覆盖和连接沉淀，另一方面通过云计算、大数据等创新商业范式来优化和稳定连接，从而精准对接供给和需求。

《增长黑客》和《流量池》这两本书中的观点颇有代表性，它们都致力于以产品 IP 为中心连接更多的用户。其中，《增长黑客》是通过优化连接和其后的口碑分享手段增加获客，作者提出打破筒仓式的公司组织架构，以矩阵式的团队快速响应用户的反馈，及时优化用户的连接体验，从而增加口碑分享的获客；《流量池》则是通过营销刺激（如奖励机制）及在此基础上的社交裂变手段增加获客，提出了"存量找增量，高频带高频"的社交裂变获客思路。这两者本质上都是对新兴商业 IP 化生存的典型探索，只不过前者是连接优化的思维，后者是流量裂变的路径。

《增长黑客》《流量池》的探索，就像是在新兴商业世界张开的翅膀，将会有广阔的施展空间和拓维潜力，但仍然需要经历一段时间的摸索和进化，才能做到在商业向心力竞争中游刃有余。可以确定的是，企业 IP 化生存的成功之道可能还会有数百种，但无论哪一种都不会离开公关赋能的大原则，因为公关是商业向心力竞争的通用基础设施，就如同没有公路汽车会寸步难行一样。

二、圈层传染：一切 IP 都只影响特定圈层

每一个商业 IP 的终极目标都是成为拥有广泛连接的"超级 IP"，但超级 IP 并不只等同于广泛连接，它更接近于一个拥有相似属性的亚文化圈层（很多人被超级 IP 吸引但并没有与之建立连接，就像很多人被佛教文化吸引但并没有剃度出家一样）。

超级 IP 不是独立的个体，而是以圈层的形态存在的不稳定的人群集合，这些人通常是超级 IP 最忠实的信徒。绝大多数情况下，超级 IP 只吸引在特定领域有相似属性的人群，比如吴晓波频道影响的是财经圈层，马未都的《观复嘟嘟》影响收藏爱好者，罗振宇的得到 APP 吸引知识付费群体，这是互联网商业 IP 的一个普遍规律，几乎没有对所有圈层都照单全收的超级 IP。

换句话说，超级 IP 的本质就是一个社交圈层，是相似属性人群的一个连接集合体。没有任何一个互联网超级 IP 可以覆盖全部的社会圈层，这是由商业 IP 的"专业"属性决定的，它必须表现出特定领域的专业优势，并对特定领域的人群有专业层面的比较优势和相对的吸引力，否则它就不可能成长为超级 IP。

一个商业 IP 想要影响或覆盖更广泛圈层的人群，唯一的办法

就是"跨界"，也就是借助其他 IP 的社交传染来交叉影响不同圈层。比如，瑞幸咖啡超级 IP 只能与喜欢喝咖啡的人建立起商业连接，它影响的圈层是有喝咖啡爱好的人群，如果想覆盖更广泛的人群，让不常喝咖啡的人也尝试着喝瑞幸咖啡，就需要借助其他 IP 来影响该圈层，它自己的 IP 则鞭长莫及。

圈层的交叉传染不仅会直接带给超级 IP 新的连接，同时还会借由自身圈层亚文化的传播和技术分发的手段在新的圈层产生社交裂变及衍射效应，此时商业会呈现出局部的爆发增长态势，也就是社交裂变沿着跨界 IP 的圈层快速发酵和膨胀的过程，就像放烟花一样引爆圈层，而这种跨界圈层传染的"烟花效应"也是公关赋能和商业向心力竞争的典型特点。

企业想要扩大自身商业 IP 的圈层覆盖，就需要不断在其他 IP 中"引爆烟花"，当然，这里的 IP 可能只是某一具体的商业 IP（如吴晓波频道），也可能是一些 IP 的合集（如虎嗅），更可能是更大的独立生态（如微博）。绝大多数情况下，互联网中不缺少可以交叉传染的超级 IP 及其特定圈层，缺少的是如何利用亚文化或技术分发的手段对两个圈层进行有效串联。

三、生态激活：圈层的活跃都有赖于社交"涟漪"

恺撒大帝打下了罗马的江山，但却没有长久统治它的能力。

互联网中的超级 IP 也一样，它可以不断向外拓展圈层和建立连接，构建一个规模庞大、用户众多的商业生态，但同时也必须要面对整体商业生态在某些局部不断塌缩和死亡的现实，所有超级 IP 构建的商业生态都存在这样的"新陈代谢"现象，无一可以幸免。

在《末端爆发》一书中，我把商业生态的局部塌缩现象称为新兴互联网商业的一个"死亡静默"魔咒。它具体指的是，当一个商业 IP 建立了广泛连接和吸引了特定的圈层之后，它面临的问题也随之而来，那就是已经建立起来的连接可能会失效。如何维持自身商业生态系统的活跃，甚至比扩展圈层和获得新连接更为重要。

这时候公关赋能的价值就显露无遗了，企业通过轰动性事件、新闻话题和市场活动的策划等来制造社交"涟漪"，这是活跃商业生态的重要手段。比如，天猫"双十一"、京东"618"等互联网公司各种奇葩的"造节运动"，都是人为制造的"网络涟漪"现象。

流体世界的运行逻辑就是"流动"，最害怕商业生态平静得如一潭死水，"死亡静默"就像是互联网商业生态的毒药，谁喝了这碗毒药都会走向死亡，就像曾经的开心网、人人网一样。从这一点上来讲，商业向心力竞争的本质，不只是流量的获取和连接的沉淀，更是社交圈层和超级 IP 的不断激活，就像河湖一样，没有"涟漪"的生态注定是死生态，"涟漪"不断出现才能维持河湖内部各种生物种群的生存。

如果一家公司丧失了在网络空间中激起"涟漪"的能力，那么它就会因为"死亡静默"效应被淘汰出局，不管它是阿里巴巴、腾讯、百度，还是谷歌、脸书、亚马逊，谁也逃脱不了这一魔咒，因为只有流体的物质才有商业向心力，凝固的物质只会随波逐流。现代互联网企业一切的市场优势、技术创新和竞争壁垒，都是在开放的生态中凭借商业向心力集聚了优质要素资源形成的。而不是对有限的要素资源进行积木组合和闭门造车完成的。流动是新兴商业的依归，静默是新兴商业的坟墓，这就是互联网商业竞争的残酷之处。

总之，无论是 IP 裂变、圈层传染还是生态激活，它们都始终离不开事件、话题和噱头等公关赋能手段，新兴商业不再是冷冰冰的工厂，不再是黑黢黢的煤，更不是黏糊糊的石油，新兴商业是以人为中心的，离开了人，离开了社交网络，离开了激活生态的社交"涟漪"，新兴商业就是个"零"。所以，不要用传统商业的逻辑来思考新兴商业，就像虫子永远也理解不了三体人的世界一样，两者完全不具备在一个维度上进行思考的条件。

第五章

打造个人的商业向心力：
你的专业价值百万

引言：你是有商业向心力的人才吗？

我生在贫瘠的小山村。

小时候，我很向往马夫的生活。因为山地难耕，马夫耕一天地的酬劳大概是父亲打一天小工所得的四五倍，而且我们还要好吃好喝款待他。但马夫一年四季不得闲，春夏帮人耕种，秋冬收拾庄稼、拉稻草到很远的地方卖，不过也因此积攒了一大笔钱。

多年以后，马夫成了村里的落后分子，因为马夫的生意难做，他的工作被替代了，机械化淘汰了马夫这个曾经在村里很光鲜的职业。

"陋室空堂，当年笏满床；衰草枯杨，曾为歌舞场"，历史的车轮滚滚向前，总是你方唱罢我登场。身处大变革的年代，我们就不能用过去的眼光看待人才，现在活得滋润，不代表十年后依然能保住饭碗。

商业向心力引领的现代竞争开始深入我们工作、生活的每一个角落，我们的商业社会对人才的需求也正发生着显著的变化。有道是"物竞天择，适者生存"，什么样的人才将在商业向心力时代演绎鱼跃龙门的传奇呢？

问题就是答案，商业向心力时代需要有商业向心力的人才。活在社交网络"风口"之上，你必然有社交磁场；活在知识付费"风口"之上，你必然有商业磁场；而活在人工智能"风口"之上，你必然掌握专业优势。而这三者刚好是商业向心力的三大构成要素。换句话说，活在三大"风口"之上的人，理所当然是有商业向心力的人。

知识付费不是说知识、技能值钱了，也不是说谁掌握了某一项知识、技能，谁就能获得更多的溢价。知识付费所讲的知识并不代表纯粹的知识本身，而是运用知识、技能解决问题的能力，知识付费的本质是本事付费，不能利用知识和技能解决问题，即使学富五车、才高八斗也无用武之地。

三大"风口"正带来史无前例的变革，人类正处在这场带来崭新生活的大变革前夜，如果谁被这场变革抛下了，他将错过整个商业向心力时代。本章将着眼于如何成为一个有商业向心力的人才这一课题，探讨在商业向心力时代，我们每一个人的生存之道。

以专业为中心培养个人的商业向心力

这个时代最伟大的作品，都不是一次完成的。世界上第一台通用电子计算机是一个占地 170 平方米、重 30 吨、耗电功率 150 千瓦的大块头，如果用当代人的眼光看，它简直就是一个十足的"蠢货"，因为根本没办法用它来移动办公。

就像电子计算机一样，当一个产品有了迭代升级的能力，它终将建立起足够的"专业优势"，这同样适用于商业向心力时代的人才培养，你要不断迭代和升级自己。

在无厘头电影这条漫漫长路上，周星驰始终对自己所有的作品都不满意，他不断地想着突破自己，把每一部新作品都看作一次升级自我的机会来打磨，一次又一次创造票房奇迹。

不断突破自我，让周星驰成为无厘头电影的珠穆朗玛峰。周星驰以这样一种自我迭代的方式，体现出了他专业的价值，而他专业的价值又何止百万元！

一、个人商业向心力构建：体现出专业的价值

演员的专业价值，在于成功塑造一个角色，而不是在镜头前熟练背诵几十页的台词。说白了，如果一个演员终其一生都没能成功塑造一个角色，那就和《大话西游》中的紫青宝剑一样，再怎么光鲜也只不过是电影中的道具而已，他凭什么说自己是"专业的演员"？反观星爷，他成功塑造了很多个让人印象深刻的角色，至尊宝、周星星、宋世杰、苏乞儿、唐伯虎、凌凌漆，这些角色成为我们心中挥之不去的电影印记。

所谓专业，一定是指你能解决某一方面或某一领域的问题，而不仅仅是你掌握了某一方面或某一领域的知识抑或技能。这个时代有大批有知识和技能，却不能解决相关领域问题的人才，以前他们还可以凭借信息不对称来蒙混过关，但商业向心力时代他们就原形毕露了，因为这时候社交磁场、商业磁场开始发挥作用，他们因不具备专业价值而渐渐被生态系统代谢掉了。比如，当下许多相声演员都会向观众"抖包袱"，但始终不能解决让观众笑的问题，电视台主持人尚能做一个段子手，相声演员却丧失了让观众笑的能力，这不是很让人唏嘘吗？

在商业向心力时代，一个有专业价值的人才必须要满足以下三个条件：智能化、生态化和可标签化（见图5）。

智能化
- 有专业价值的人才一定是一个能够解决所在领域问题的人，而不是只掌握所在领域知识或技能的人。这要求人们要不断迭代和升级自我，因为问题是层出不穷和不断涌现的。这是打造个人商业磁场的基础。

生态化
- 有专业价值的人才一定是一个可以调动资源和协助商业生态正常运行的人，而不是一个只能被动接受安排的螺丝钉。商业生态系统遵循分布式管理的逻辑，专业的人才在其中要成为一个纽，而不是一个"死结"。这将决定你是否具有 IP 价值和连接价值。

可标签化
- 有专业价值的人必须可以用一个清晰的标签定义自己并被人们认可，这可以让别的人在寻求某方面专业支持的时候，更容易想到你和找到你。这是建立个人社交磁场的基础。

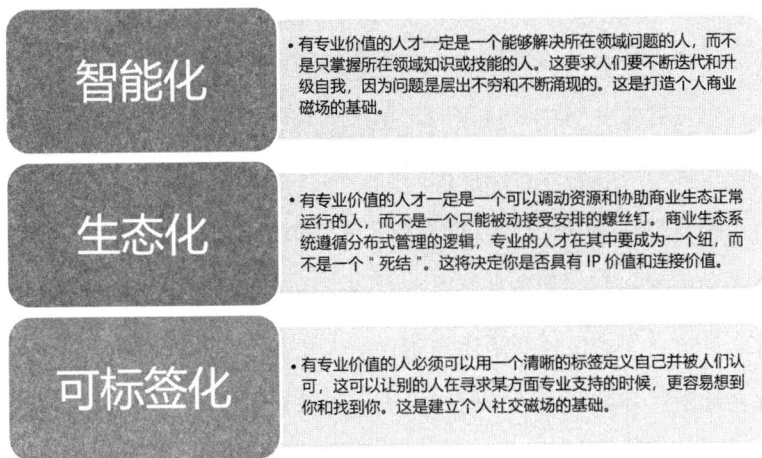

图 5　人才的三个专业价值

　　和智能化对立的是机械化。机械化就是一个不断简单重复的过程，而不是着眼于解决各种问题。比如汽车流水线上的机工进行汽车制造就是一个机械化的过程，按照一定的业务程式工作即可；而汽修工人修理汽车则是一个智能化的工作过程，他们要解决汽车出故障的问题。

　　和生态化对立的是组织化。组织化之下的人才都是被管理的，所有的操作都是受到严格限制的。比如家乐福里的员工是组织化的，他们只能按照上下级关系来严格约束自己的行为；而阿里巴巴的一个个商家是生态化的，他们需要发挥能动性，按照生态系统的逻辑来进行有目的的行动，发挥 IP 和连接的价值。

　　和可标签化对立的是职能化。职能是别人赋予的，它并不能代表能力。比如一个人是某公司的财务总监，但不代表他具备提升这家公司资金运作效率的能力。可标签化的人才则不同，当一个人被称为财务专家并被广泛认可时，他多半具备了提升资金运作效率，并基于这个标签整合资源的能力。

稍作思索就会发现，机械化、组织化、职能化正是我们刚刚经历和正在经历的传统经济时代专业人才的标准，大量的工作岗位都满足这三个特征，满足这样条件的人才在过去和现在可谓如鱼得水，然而这和商业向心力时代的人才标准是背离的，商业向心力时代的专业人才必须满足智能化、生态化和可标签化三个特征，只有满足这三个特征的人才才能在商业生态中真正发挥专业价值，否则将只能是新商业时代的龙套。

二、个人商业向心力构建：围绕专业积累并尝试调动资源

本书第一章明确指出，商业向心力的典型特征之一就是要素资源的末端爆发。如果把这句话对应到人才方面，末端爆发又意味着什么呢？

它意味着每个人对整体商业生态的价值都是不可估量、可以不断挖掘的，每个人都将可以以自身资源禀赋为中心、以个人商业向心力为半径，来为商业生态系统吸引和整合更多的要素资源，这也将是人们作为专业人才的商业价值体现。

传统化妆品店对人才的要求，就是店员能够接待、服务上门的

顾客及负责售后；而在商业向心力时代，一家化妆品网店对人才除了上述基本要求，还要求其可以通过自己专业的服务吸引源源不断的客流，并维护好客群关系，让他们成为忠实顾客。

商业向心力时代，每一位专业人才都应该把自己看作商业向心力的延伸，而不只是一个简单的、循规蹈矩的职员，要相信自己的潜力是无限的，努力积累并释放它们。打造个人的商业向心力，关键在于通过个人专业上的迭代和升级，努力把自己智能化、生态化和标签化，建立起个人对商业要素资源的吸引力，并在此基础上，尝试着积累和调动更多的要素资源。

在商业向心力时代，为了更好地建立个人的社交磁场和商业磁场，把自己打造成商业生态中的IP和纽带，我们要首先"标签化"自己。你的个人简介可以用专业撰稿人、资深体育记者、资深证券分析师等醒目明确的头衔，总之要清楚明白地告诉别人你可以解决哪个领域的问题。

商业向心力是伴随着个人专业能力的提升而点滴积累的，当你的专业能力能够影响十个人的时候，就可能给公司额外带来一千元的商业价值；当你的专业能力能够影响一千个人的时候，就可能会给公司额外带来十万元的商业价值；当你的专业能力能够影响一千万人的时候，你的公司会反过来为你打工。

三、个人商业向心力构建：整合资源输出专业价值，打造成功案例

如果你自认为是专业人才，那么一定要记得整合资源，努力对外输出你的成功案例，这是你的专业价值所在。在商业向心力时代，所有的"嘴炮"都会被打回原形，不能胜任，就不要给自己贴这样的标签，谎言在社交化的圈层里会无所遁形。

有的公司把自己宣传得很高大上，一副"老子天下第一"的腔调，但却始终拿不出成功案例，不能用成功的产品输出自己的专业价值，我们要警惕这样的洗脑式向心力公司，因为他们不过是在编织一个又一个的谎言。

成功案例对于打造个人商业向心力是有价值的，它是人们认知你的一种方式，也是你证明自己能力、为自己公关的一种方式。有的人有了一个成功案例就足够吃一辈子的老本，但商业向心力时代最大的忌讳就是止步不前，我们不要想着在创造成功案例之后就放弃个人专业层面的迭代和升级。

成功案例折射出的，是一个人在自身专业层面上的工匠精神。有工匠精神的人，才会追求完美，追求更好的专业价值输出，否则就只会敷衍了事、耽于平庸。一个有商业向心力的人，会不断地追求把他专业领域的每一件事、每一个产品都打造成自己的成功案例，打造成功案例的初衷也不是为了吹嘘自己，而是他个人品质使然。

我们再回头看看周星驰。他的每一部电影都是鲜活的成功案例，每一部拿出来都是经典，这些都是他依靠自己无厘头电影的专业精神细心打磨出来的，他绝不会对自己的任何一部作品敷衍了事。现在演艺圈的许多导演和演员，都缺乏和周星驰一样的工匠精神。所以，当我们不确定自己是不是有商业向心力的人才时，可以多想想周星驰，想想自己缺乏他身上什么样的专业品质。

你自己就是一个微型的"商业生态"

商业向心力时代的每一个人都是创业者。无论你在什么样的公司、什么样的岗位上工作，作为重要的商业要素资源，你都要快速流动和活跃起来，为自己增值，并在新的要素资源组合中主动寻求和释放更大的价值。

当一个人以自身的商业向心力为依托，构建起一个完整的商业生态之后，他就有快速整合要素资源，进行商业价值变现的能力，有了东山再起的能力，他未来的成长空间将是几何级的。

一、隐性团队：公关你自己，向外拓展你的商业生态

我们每一个人都离不开团队，离不开组织，我们需要借助团队和组织的内部协作来完成各种各样充满挑战的工作，这个时候的团

队是显性的，我们清楚地知道团队的每一个成员是谁；而在商业向心力时代，我们不仅要成为企业内部显性团队的一个连接点，还要注重经营自己的隐性团队，向外拓展自己的商业生态，让自己也成为商业要素的连接点。有商业向心力的人才，不仅有打造企业内部商业生态协助团队完成各种挑战性工作的责任，还有经营企业外部商业生态的责任，为企业吸引和整合各种外部要素资源的责任，这两大生态对于企业来说都是极富商业价值的。

某民营医院有一位技术精湛的心外科专家 A，但他不太注重公关自己，A 的知名度也仅限于该医院系统内。从传统意义上来讲，专家 A 因为技术精湛，理应是医院非常有价值的人才，但未来若引进一位医术同样精湛且声名远扬的专家 B，专家 A 的人才价值将会荡然无存，甚至有失去工作的危险。从商业向心力的角度讲，B 比 A 更有商业价值，B 会为医院带来更好的口碑，会有更多患者慕名而来，这家医院会因为 B 有更多的盈利机会，A 却不具备这样的能力。

在传统经济时代，人们为自己经营隐性团队的商业效应并不十分明显，因为人们的社交范围被限制住了；但在社交媒体催化下的商业向心力时代，经营隐性团队已经成为人才的一种必备素质。

二、产品化：把个人的商业生态产品化才会产生价值

塑造个人品牌是提升个人商业向心力的有效路径，但经营个人

的商业向心力却并不等同于塑造个人品牌。在试图打造个人品牌，提升个人的商业向心力之前，要牢记"先有产品，后有品牌"的基本逻辑。

当你在某一领域形成一定的商业向心力之后，就要想办法将自身产品化，用产品的方式与周边的要素资源建立更广泛的联系，唯有如此，要素资源才能为你所用，并不断积累，持续为你产生价值。罗振宇将多年积累的个人商业向心力资源产品化为罗辑思维、知识发布会和得到APP，这些产品作为商业向心力IP为他积累和吸引更多的要素资源，让他周围的要素资源之间产生更广泛而紧密的联系。

把个人的商业生态产品化，并不是一件很困难的事情，一个公众号、一本书、一个APP都可以。比如，韩寒的一个APP每天只为用户准备一张图片、一篇文字和一个问答，李子柒在微博上不定期更新的古风美食视频，都是他们与要素资源沟通的产品媒介。这个载体的价值更多地体现在充当沟通媒介的角色上，而不一定要产生商业价值。

三、寻找买单者：向上买单 OR 向下买单

企业建立的商业生态有两层属性：一是商业性，也就是追求买卖等商业行为的获利；二是社会性，也就是为公众解决问题或提供便利。其中，商业性先于社会性。

个人建立的微观商业生态，同样也有两层属性，一是社会性，二是商业性，但与企业的商业生态相反，个人的商业生态中的社会性先于商业性。一个人能够立足于社会，他应该首先是"社交体"，人们通过对彼此的信任、互助和情感等的沟通及协作建立起社会圈子；其次才是"商业体"，在社交圈的帮助下自力更生，赚钱养活自己。严格来讲，越是具备商业向心力的人才，就越有公共属性，他们可能是所在行业的意见领袖或专业权威，一言一行都要从社会性的角度思考自己的贡献和价值，而不能一味盯着商业变现，变现应该是有商业向心力的人才的副产品。如果一个人一开始就把商业性放在首位，被打上"唯利是图"的标签，他就从根本上丧失了个人的商业向心力。这也是个人的商业向心力产品化后不要急于变现的原因。

商业向心力时代下的产品变现的路径无非两种：一种是向上寻找买单者，另一种是向下寻找买单者。对于同一产品，两个变现的路径并不冲突。李子柒的古风美食视频可以向上寻求买单者，比如广告赞助、内容付费、引入投资等方式；得到APP则是双向变现，既向下让用户买单，又向上寻找风投资金。

定位你在更高一级"商业生态"中的角色

　　社交网络打开了一个新的商业世界，这个新的商业世界中由无数个彼此联系的商业生态系统构成，我们也都是一个个构成总体商业世界的微观商业生态系统本身。凯文·凯利在《失控》中讲到："每个系统在组织上都汇集了许多（数以千计的）自治成员。'自治'意味着每个成员要根据内部规则以及其所处的局部环境状况而各自做出反应，这与服从来自中心的命令，或根据整体环境做出步调一致的反应截然不同。这些自治成员之间彼此高度连接，但并非连到一个中央枢纽上。"作为微观商业生态主体的我们，将不再是一个等待被动安排的角色。

　　生态系统的管理逻辑与过去组织化的管理截然不同，我们每一个人不是单独作为一个人被安排着发挥作用，而是作为微观的商业生态在主动地发挥作用。每个有商业向心力的人才都是高度"自治"的，都是在用个人的商业向心力为上一级生态系统贡献价值，并从中体现自己的价值。

无论是作为创业者、管理者还是公司普通职员，你能够获得的薪酬将不是由你的职位决定的，而是你作为一个微观商业生态对上一级商业生态产生的总体价值决定的。你将会按比例从中分一杯羹，正如本书第二章有关"分享经济"的内容所言，商业向心力时代奉行的是商业共生、资源共享和市场共赢的"分享经济"模式。

一、尽可能为上一级商业生态预留接口

知名财经作者吴晓波在其新出版的《激荡十年，水大鱼大》一书中，讲到了海尔创始人张瑞敏大刀阔斧的管理变革。书中这样写道：

在今年（2014年）6月的一次演讲中，张瑞敏说，以往的很多经典管理理论也许都已"过时"，比如泰勒的科学管理理论、马克斯·韦伯的科层管理理论、法约尔的一般管理理论，事实上都已经被颠覆了。张瑞敏很感慨地说，在过去讲管理，大家讲的是定量，是边界，是线性管理，但是在今天，互联网的环境中，线性管理已经被非线性管理替代，自发秩序已经被扩展秩序替代，结构主义被解构主义替代，当组织的边界被模糊之后，原有的管理秩序就陷入了瓦解，但是关于失控和瓦解的管理学创新，在今天却是空白。

张瑞敏决定将海尔的整个管理体系推倒重来，他打破既有的科层管理制度，把偌大的海尔彻底扁平化，所有员工分为平台主、小微主和创客三种身份，化小管理单元，鼓励内部创业。未来的海尔将全部由数百家"小微公司"组成，集团公司变身为一家平台型组织，为海量的小微提供适合创业的资金、资源、机制、文化等各种支持。

从今年6月到年底，张瑞敏一直在做一件同样的事情，他把集团各业务条线和子公司的负责人叫到自己的办公室，一一谈话，先卸职，再任命，"给他们自由"。临离开时，张瑞敏会送他们一本美国创业家、奇点大学创始人彼得·戴曼迪斯的《创业无畏》。

这是一场惊世骇俗的组织变革。

张瑞敏的组织变革，有鲜明的将企业管理从组织化向生态化转型的特点。组织化讲究从上而下的精确控制，具体表现是层级鲜明；而生态化追求由下而上的群体涌现，具体表现是个体自治。生态化的管理遵从的正是商业向心力模式，充分发挥全要素资源的生产力，通过生态自身的新陈代谢而非组织集权的强力干预来保持竞争能力。不得不叹服，张瑞敏始终是这个时代最具战略洞察力的管理大师，通过平台主、小微主和创客，把海尔这头笨拙的大象，重新组合成所向披靡的蚂蚁雄兵。

我大胆预言，未来的智慧商业世界，将不再有公司、员工和消费者等身份，只有商业体、合伙人和用户，那时候，每一个人都将是创业者或合伙人，每一个人都要在上一级智慧商业生态中找到与自己匹配的通用接口才能生存。张瑞敏通过平台主、小微主和创客，把臃肿的科层组织分拆打散，已经提前迈入了以商业向心力为特征的智慧商业时代。

在大洋彼岸的美国科技圈，大量的科技公司已经在打破筒仓、建立矩阵，把过去垂直的管理模式改造为更加扁平化、生态化的管理模式，在这样的公司中，一个人可能会在公司内接入两个甚至多个团队发挥作用。

亚马逊创始人贝索斯在接受《福布斯》网站专访时，同样表达了对生态化的扁平管理的支持：

在这个"市场规模无限制"的时代，在亚马逊最重要的词语就是"行"。贝索斯正确地阐述了传统的企业等级制度。他说："如果一名初级管理人员有了一个新想法，希望尝试一下。他必须要说服自己的老板、老板的老板、老板的老板的老板，以此类推。整个链条上，只要有一个人说'不'，这个想法就会被扼杀。"这就是一家灵活的初创公司能够干掉故步自封的大企业的原因：即使19个风险投资家说"不"，只要第20个点头，一个颠覆性的想法就能成为现实中的一项业务。

贝索斯为亚马逊制订了确保多条路说"行"的架构，即所谓的"双向门"：决定是根据逐步改进做出的，如果实践证明行不通，还可以撤销。对于员工的想法，许多高管能给"绿灯"。贝索斯称，地域对亚马逊来说越来越不重要。他说："当各个团队需要合作时，需要的就是偶尔开个会，制订未来路线图。如果组织得适当，大家根本无须在同一座大楼，同一个城市，甚至是同一个时区。"

可以预见的是，垂直管理模式必将走向终结，每一个人必须尽可能为上一级商业生态预留多个接口，在更多的商业生态中贡献价值。

硅谷 NFX 协会执行合伙人詹姆斯·科里尔更进一步提出了"市场网络"模式。在这一模式中，人们将"打破团队，融入群组"，不同职业身份的个人通过网络自由组合建立群组，共同完成诸如房屋改造、活动策划等复杂任务。詹姆斯·科里尔还表示，过去十年属于社交网络，未来十年属于市场网络。

按照市场网络的设想，未来每个人与上一个商业生态之间的接口数量理论上将是无限的，人们将可以动态扩展或断开自己的接入数量。而且，市场网络将加剧人才要素的流动及优质要素资源的"析出"效应。在市场网络中，个人及其自由组合的团队将可以真正建立自己的 IP，优秀的人才和团队将因此获得更多的外部资源、市场机会和生态红利。

二、充分对接商业基础设施 2.0

让个体的价值创造能力得到几何级提升，取决于个体自身的"生命等级"及所使用的工具。生命 1.0 和生命 3.0 所能创造的价值不可同日而语，石器工具和电气化工具的生产力也有云泥之别。

《生命 3.0》的作者迈克斯·泰格马克认为，生命出现后的约 40 亿年的时间里，绝大多数生物都不能设计自己的硬件和软件，只能通过缓慢的进化来改变自身系统；目前作为生命 2.0 的现代人类已经可以设计自己的软件，通过习得新知识、新技能迭代和升级自身系统；而在未来，生命 3.0 将可以直接越过漫长的进化过程，直接升级自己的软件和硬件。在漫长的人类进化中，学会使用工具，要远比大脑智慧的提升更具现实意义，因为大脑的智慧是人类的软件，其提升可以通过后天习得，但工具作为人类身体硬件的延伸，却始终是人类进化有所不及的，至今还没有任何一个人进化出"上九天揽月，下五洋捉鳖"的硬件。

在未来相当长的时间里，人类还是要继续利用工具来提升自身的硬件，人类距离进化到自主设计软件和硬件的生命 3.0 阶段还非常遥远。不过可喜的是，人类的工具正在向智能化升级，人们现在可以赋予工具一些类似人类的思维，这意味着借由与人工智能的脑机交互，人类将很快具备向更高级生命形态——生命 3.0 冲刺的条件。

就现阶段而言，如果人类想要变得更加强大，需要充分对接更智慧化的工具，也就是集合了大数据、云计算和人工智能等技术的商业基础设施 2.0。快递员接入菜鸟，出租车司机接入优步，渔夫接入阿里云 ET 大脑，农民接入墨迹天气，医生接入平安好医生，这些工具是人类软硬件的延伸，有利于个人更好地发挥价值和释放潜能。

同时，商业基础设施 2.0 还赋予了工具一词以新的意义，那就是生态赋能的力量。在一个自然生态中，生态协同所创造的价值必然大于个体所创造的价值，这是毋庸置疑的生物规律。同样地，人们借由商业生态协同创造的价值，也必然大于个体本身创造的价值。商业基础设施 2.0 串联了多个商业生态和数量众多的自治个体，当个体接入商业基础设施 2.0 时，就意味着他可以利用多个商业生态和自治个体的协同力量创造价值。

所谓专业，一半来自人类的软件，即大脑的智慧、创造力和经验积累；另一半则来自人类硬件的延伸——工具的使用，现代人用渔网捕鱼比徒手捉鱼更专业，远古人用骨针缝制衣服比用树叶编织衣服更专业。在商业向心力时代，学会用大数据、云计算、人工智能等构成的智能化工具，将是我们每一个人通往专业的必修课。

三、不要等待被动安排，做一个"自驱动"的个体

传统商业是从上而下的精巧设计，而新兴商业则是从下而上的自然涌现。

阿里巴巴不能命令网店的商品必须打折，爱彼迎也无法给民宿定下营业额业绩指标，优步难以指挥平台司机加班或休息，今日头条也左右不了自媒体人写作什么选题……新兴商业中遍布高度自治的个体，他们不会像传统商业一样等待被动安排，而是呈现出"自驱动"的特征。

"自驱动"是个体打造自身商业向心力的必要条件。新兴商业是残酷的，对总体商业生态没有贡献的个体，或者机械重复、不能创造性工作的个体，终会被生态系统自然淘汰或被人工智能替代。

"自驱动"的关键在于确定方向，没有确定方向就会像陀螺一样原地打转，做无用功。换句话说，每一个人最好都是矢量个体，沿着明确的方向前进，在某一领域不断迭代精进，有无数个这样的个体，就会迸发出巨大的力量，大家可以共享商业生态的红利。在工作岗位上等待被动安排的人，和通过行业垄断坐收渔利的企业，未来在高度市场化的商业生态中可能没有立足之地。在黄金地段开一家店就能顾客盈门，开一家银行就能有老百姓来存钱的好日子，可能很快就会结束。

未来的商业世界如果一直是正义当道的话，新兴商业的幸运法则就会始终有且仅有一条：被商业向心力眷顾的人，永远是那些"自驱动"的自治个体；一切等待被动安排的人，都可能沦为未来商业世界的无家可归者。

直面人工智能的恐惧：总有一种能力让你无可替代

即便超前如科技狂人埃隆·马斯克，也对未来的人工智能社会充满恐惧，他认为那将是一场灾难。普通人对人工智能的恐惧则与埃隆·马斯克不同，人们普遍担心的是自己会失业。从现有的统计数据看，被人工智能替代将是绝大多数岗位的宿命，更有专家认为只有少数几种职业能够幸免，就连由互联网创造的快递员、程序员、工程师等职业也在被取代之列。

我从事的公关被认为是最难被人工智能淘汰的职业之一，但我觉得公关人不能因此就沾沾自喜，如果公关行业一直像现在一样运作的话，未来也是没有存在的必要的。职业价值决定了职业存在，公关行业和公关人应该发挥对智慧商业生态的管理职能，帮助商业系统实现从下到上的集体智慧涌现，而不是像现在一样，仅仅用来制造羊群效应和炒作吸睛。

公关不会直接创造商业价值，但商业体离不开公关所创造的商业向心力来维持生长。公关就像自然生态系统中的阳光、水和空气，维持着系统内生物种群的能量及动态平衡，没有了公关所创造的商业向心力，商业体就会被裹挟进入互联网流体世界的旋涡中被湮灭。

所有的职业都应该努力"进化"出至少一种无可替代的能力，以更好地应对以人工智能为特征的未来智慧商业时代，而不是因无法被替代而沾沾自喜，或流露绝望情绪，因为没人会关心一只虫子的命运，想要生存就必须进化、强大。

《三体2：黑暗森林》中，当人类派出的庞大的星际舰队被三体文明一枚小小的"水滴"探测器毁灭之后，可怜的人类只能用大低谷广场的性派对来发泄自己的绝望和恐惧，但这时仍然有一位"面壁者"用勇气和智慧改变地球的命运。

面对人工智能，人们应该像"面壁者"罗辑一样丢掉恐惧，努力进化并搭建全新连接，利用人工智能建立起一个充满无限遐想的智能商业世界。正如迈克斯·泰格马克在《生命3.0》中所说，"如果我们不改善技术，问题就从'人类是否会灭绝'变成'人类会如何灭绝'；如果我们小心谨慎地改进技术，避免陷阱，那生命就有可能在地球上，甚至地球外繁荣昌盛长达数十亿年的时间。"

　　本书的出版，要特别感谢时代光华总裁王光海先生，他是一位非常有情怀和责任感的卓越出版人，感谢他对一位青年作者及其励志作品的发掘、支持和鼓励；同时感谢本书的出版编辑、知名财经作家陈正侠老师，感谢他对《商业向心力》图书出版工作的热情、尽责、耐心和投入；同时还要感谢知名出版人、青年作家刘一寒老师对《商业向心力》系列作品的指导、帮助和启发。同时，书中疏漏之处，还望读者朋友们指正！

　　人生知遇，山高水长，鸣皓感激之至！